사도신경

The Apostles' Creed

전능하사 천지를 만드신 하나님 아버지를 내가 믿사오며,
그 외아들 우리 주 예수 그리스도를 믿사오니,
이는 성령으로 잉태하사 동정녀 마리아에게 나시고,
'본디오 빌라도'에게 고난을 받으사,
십자가에 못박혀 죽으시고,
장사한 지 사흘 만에 죽은 자 가운데서 다시 살아나시며,
하늘에 오르사, 전능하신 하나님 우편에 앉아 계시다가,
저리로서 산 자와 죽은 자를 심판하러 오시리라.
성령을 믿사오며, 거룩한 교회와,
성도가 서로 교통하는 것과,
죄를 사하여 주시는 것과, 몸이 다시 사는 것과,
영원히 사는 것을 믿사옵나이다.
아멘.

손끝에서 피어나는
태초에 관한 이야기

창세기

따라쓰기

Hand Copying Scriptures

손끝에서 피어나는
태초에 관한 이야기

창세기
따라쓰기

Hand Copying Scriptures

개역개정

시작한 날 ______________________

마친 날 ______________________

따라 쓴 이 ______________________

"태초에 하나님이 천지를 창조하시니라" 창세기 1:1

<천지창조> 미켈란젤로

· 손끝에서 피어나는 태초에 관한 이야기 ·

창세기 따라쓰기 표

25일 동안 따라쓰기 / 50일 동안 따라쓰기

25일 따라쓰기 일정			50일 따라쓰기 일정					
일차	본문	√	일차	본문	√	일차	본문	√
1	1-2장	□	1	1 장	□	26	26 장	□
2	3-4장	□	2	2 장	□	27	27 장	□
3	5-6장	□	3	3 장	□	28	28 장	□
4	7-8장	□	4	4 장	□	29	29 장	□
5	9-10장	□	5	5 장	□	30	30 장	□
6	11-12장	□	6	6 장	□	31	31 장	□
7	13-14장	□	7	7 장	□	32	32 장	□
8	15-16장	□	8	8 장	□	33	33 장	□
9	17-18장	□	9	9 장	□	34	34 장	□
10	19-20장	□	10	10 장	□	35	35 장	□
11	21-22장	□	11	11 장	□	36	36 장	□
12	23-24장	□	12	12 장	□	37	37 장	□
13	25-26장	□	13	13 장	□	38	38 장	□
14	27-28장	□	14	14 장	□	39	39 장	□
15	29-30장	□	15	15 장	□	40	40 장	□
16	31-32장	□	16	16 장	□	41	41 장	□
17	33-34장	□	17	17 장	□	42	42 장	□
18	35-36장	□	18	18 장	□	43	43 장	□
19	37-38장	□	19	19 장	□	44	44 장	□
20	39-40장	□	20	20 장	□	45	45 장	□
21	41-42장	□	21	21 장	□	46	46 장	□
22	43-44장	□	22	22 장	□	47	47 장	□
23	45-46장	□	23	23 장	□	48	48 장	□
24	47-48장	□	24	24 장	□	49	49 장	□
25	49-50장	□	25	25 장	□	50	50 장	□

· 손끝에서 피어나는 태초에 관한 이야기 ·

활용법 일러두기

1. 창세기에 대한 이해를 돕기 위해 간단한 해설을 수록하였습니다.
2. 창세기를 25일(하루 2장) / 50일(하루 1장) 동안 따라 쓸 수 있도록 일정표를 제공하였습니다.
3. 성경책이 없어도 언제 어디서나 따라 쓸 수 있도록 성경 본문을 함께 제공하였습니다.
4. 매일 기도하면서 성경 본문을 따라 쓰면서 확실한 이해와 더 깊이 있는 묵상을 경험하실 수 있습니다.
5. 새로운 편집으로 따라 쓰기를 더 편리하게 하였습니다.

한 눈에 이해하는 창세기 개관

저자 모세

저작연대 B.C. 1450~1400년경

기록 장소, 대상 그리고 목적

보수적인 입장의 신학자들은 일반적으로 모세가 시내산에 머무는 동안 기록했다고 본다. 일차 독자는 이스라엘 백성이지만, 우주의 창조, 인류의 기원 그리고 이스라엘 족장들의 이야기 속에 나타난 예수 그리스도를 통한 인류 구속의 증표들을 통해 볼 때, 시간, 민족, 지리와 역사를 초월해 모든 인류를 대상으로 기록되었음을 알 수 있다.

내용분해

1. 창조 이야기(1:1~2:25)
2. 타락 이야기(3:1~5:32)
3. 홍수 이야기(6:1~9:29)
4. 민족 | 나라 이야기(10:1-11:32)
5. 아브라함 이야기(12:1-25:18)
6. 이삭 이야기(25:19-26:35)
7. 야곱 이야기(27:1-36:43)
8. 요셉 이야기(37:1-50:26)

참고도서

얀시, 필립. 『필립 얀시의 스토리 성경』. 서울: 요단출판사, 2011.

코널리, 더글러스. 『스마트 통 성경』. 서울: 요단출판사, 2012.

대한성서공회. 『뱁티스트 성경전서』. 서울: 대한성서공회, 2016.

창조 이야기
창세기 1:1—2:25

타락 이야기
창세기 3:1—5:32

홍수 이야기
창세기 6:1—9:29

민족 | 나라 이야기
창세기 10:1—11:32

아브라함 이야기
창세기 12:1—25:18

이삭 이야기
창세기 25:19—26:35

야곱 이야기
창세기 27:1—36:43

요셉 이야기
창세기 37:1—50:26

손끝에서 피어나는
태초에 관한 이야기
창세기
따라쓰기

창세기

창1:1-9

천지창조

1 태초에 하나님이 천지를 창조하
시니라

2 땅이 혼돈하고 공허하며 흑암이
깊음 위에 있고 하나님의 영은
수면 위에 운행하시니라

3 하나님이 이르시되 빛이 있으라
하시니 빛이 있었고

4 빛이 하나님이 보시기에 좋았더
라 하나님이 빛과 어둠을 나누사

5 하나님이 빛을 낮이라 부르시고
어둠을 밤이라 부르시니라 저녁
이 되고 아침이 되니 이는 첫째
날이니라

6 하나님이 이르시되 물 가운데에
궁창이 있어 물과 물로 나뉘라
하시고

7 하나님이 궁창을 만드사 궁창 아
래의 물과 궁창 위의 물로 나뉘
게 하시니 그대로 되니라

8 하나님이 궁창을 하늘이라 부르
시니라 저녁이 되고 아침이 되니
이는 둘째 날이니라

9 하나님이 이르시되 천하의 물이
한 곳으로 모이고 뭍이 드러나라
하시니 그대로 되니라

■ 창조 이야기 (1:1-2:25)

[1장] 천지창조

1

2

3

4

5

6

7

8

9

년 월 일

창1:10-19

10 하나님이 뭍을 땅이라 부르시고
모인 물을 바다라 부르시니 하
나님이 보시기에 좋았더라

11 하나님이 이르시되 땅은 풀과
씨 맺는 채소와 각기 종류대로
씨 가진 열매 맺는 나무를 내라
하시니 그대로 되어

12 땅이 풀과 각기 종류대로 씨 맺
는 채소와 각기 종류대로 씨 가
진 열매 맺는 나무를 내니 하나
님이 보시기에 좋았더라

13 저녁이 되고 아침이 되니 이는
셋째 날이니라

14 하나님이 이르시되 하늘의 궁창
에 광명체들이 있어 낮과 밤을
나뉘게 하고 그것들로 징조와
계절과 날과 해를 이루게 하라

15 또 광명체들이 하늘의 궁창에
있어 땅을 비추라 하시니 그대
로 되니라

16 하나님이 두 큰 광명체를 만드
사 큰 광명체로 낮을 주관하게
하시고 작은 광명체로 밤을 주
관하게 하시며 또 별들을 만드
시고

17 하나님이 그것들을 하늘의 궁창
에 두어 땅을 비추게 하시며

18 낮과 밤을 주관하게 하시고 빛
과 어둠을 나뉘게 하시니 하나
님이 보시기에 좋았더라

19 저녁이 되고 아침이 되니 이는
넷째 날이니라

10

11

12

13

14

15

16

17

18

19

창세기

창조 이야기 (1:1-2:25)

창1:20-26

20 하나님이 이르시되 물들은 생물을 번성하게 하라 땅 위 하늘의 궁창에는 새가 날으라 하시고

21 하나님이 큰 바다 짐승들과 물에서 번성하여 움직이는 모든 생물을 그 종류대로, 날개 있는 모든 새를 그 종류대로 창조하시니 하나님이 보시기에 좋았더라

22 하나님이 그들에게 복을 주시며 이르시되 생육하고 번성하여 여러 바닷물에 충만하라 새들도 땅에 번성하라 하시니라

23 저녁이 되고 아침이 되니 이는 다섯째 날이니라

24 하나님이 이르시되 땅은 생물을 그 종류대로 내되 가축과 기는 것과 땅의 짐승을 종류대로 내라 하시니 그대로 되니라

25 하나님이 땅의 짐승을 그 종류대로, 가축을 그 종류대로, 땅에 기는 모든 것을 그 종류대로 만드시니 하나님이 보시기에 좋았더라

26 하나님이 이르시되 우리의 형상을 따라 우리의 모양대로 우리가 사람을 만들고 그들로 바다의 물고기와 하늘의 새와 가축과 온 땅과 땅에 기는 모든 것을 다스리게 하자 하시고

20

21

22

23

24

25

26

년 월 일

창1:27-31

27 하나님이 자기 형상 곧 하나님
의 형상대로 사람을 창조하시되
남자와 여자를 창조하시고

28 하나님이 그들에게 복을 주시며
하나님이 그들에게 이르시되 생
육하고 번성하여 땅에 충만하라,
땅을 정복하라, 바다의 물고기와
하늘의 새와 땅에 움직이는 모
든 생물을 다스리라 하시니라

29 하나님이 이르시되 내가 온 지
면의 씨 맺는 모든 채소와 씨 가
진 열매 맺는 모든 나무를 너희
에게 주노니 너희의 먹을 거리
가 되리라

30 또 땅의 모든 짐승과 하늘의 모
든 새와 생명이 있어 땅에 기는
모든 것에게는 내가 모든 푸른
풀을 먹을 거리로 주노라 하시
니 그대로 되니라

31 하나님이 지으신 그 모든 것을
보시니 보시기에 심히 좋았더라
저녁이 되고 아침이 되니 이는
여섯째 날이니라

창2:1-3

1 천지와 만물이 다 이루어지니라

2 하나님이 그가 하시던 일을 일곱
째 날에 마치시니 그가 하시던
모든 일을 그치고 일곱째 날에
안식하시니라

3 하나님이 그 일곱째 날을 복되게
하사 거룩하게 하셨으니 이는 하
나님이 그 창조하시며 만드시던
모든 일을 마치시고 그 날에 안
식하셨음이니라

27

28

29

30

31

[2장]

1

2

3

창세기

창2:4-12

에덴동산

4 이것이 천지가 창조될 때에 하늘
과 땅의 내력이니 여호와 하나님
이 땅과 하늘을 만드시던 날에

5 여호와 하나님이 땅에 비를 내리
지 아니하셨고 땅을 갈 사람도
없었으므로 들에는 초목이 아직
없었고 밭에는 채소가 나지 아니
하였으며

6 안개만 땅에서 올라와 온 지면을
적셨더라

7 여호와 하나님이 땅의 흙으로 사
람을 지으시고 생기를 그 코에
불어넣으시니 사람이 생령이 되
니라

8 여호와 하나님이 동방의 에덴에
동산을 창설하시고 그 지으신 사
람을 거기 두시니라

9 여호와 하나님이 그 땅에서 보기
에 아름답고 먹기에 좋은 나무가
나게 하시니 동산 가운데에는 생
명 나무와 선악을 알게 하는 나
무도 있더라

10 강이 에덴에서 흘러 나와 동산
을 적시고 거기서부터 갈라져
네 근원이 되었으니

11 첫째의 이름은 비손이라 금이
있는 하윌라 온 땅을 둘렀으며

12 그 땅의 금은 순금이요 그 곳에
는 베델리엄과 호마노도 있으며

창조 이야기 (1:1-2:25)

에덴동산

4

5

6

7

8

9

10

11

12

창2:13-21

13 둘째 강의 이름은 기혼이라 구
스 온 땅을 둘렀고

14 셋째 강의 이름은 힛데겔이라
앗수르 동쪽으로 흘렀으며 넷째
강은 유브라데더라

15 여호와 하나님이 그 사람을 이
끌어 에덴 동산에 두어 그것을
경작하며 지키게 하시고

16 여호와 하나님이 그 사람에게
명하여 이르시되 동산 각종 나
무의 열매는 네가 임의로 먹되

17 선악을 알게 하는 나무의 열매
는 먹지 말라 네가 먹는 날에는
반드시 죽으리라 하시니라

18 여호와 하나님이 이르시되 사람
이 혼자 사는 것이 좋지 아니하
니 내가 그를 위하여 돕는 배필
을 지으리라 하시니라

19 여호와 하나님이 흙으로 각종
들짐승과 공중의 각종 새를 지
으시고 아담이 무엇이라고 부르
나 보시려고 그것들을 그에게로
이끌어 가시니 아담이 각 생물
을 부르는 것이 곧 그 이름이 되
었더라

20 아담이 모든 가축과 공중의 새
와 들의 모든 짐승에게 이름을
주니라 아담이 돕는 배필이 없
으므로

21 여호와 하나님이 아담을 깊이
잠들게 하시니 잠들매 그가 그
갈빗대 하나를 취하고 살로 대
신 채우시고

13

14

15

16

17

18

19

20

21

창세기

■ 창조 이야기 (1:1-2:25)
■ 타락 이야기 (3:1-5:32)

창2:22-25

22 여호와 하나님이 아담에게서 취
하신 그 갈빗대로 여자를 만드
시고 그를 아담에게로 이끌어
오시니

23 아담이 이르되 이는 내 뼈 중의
뼈요 살 중의 살이라 이것을 남
자에게서 취하였은즉 여자라 부
르리라 하니라

24 이러므로 남자가 부모를 떠나
그의 아내와 합하여 둘이 한 몸
을 이룰지로다

25 아담과 그의 아내 두 사람이 벌
거벗었으나 부끄러워하지 아니
하니라

창3:1-3

사람의 불순종과 하나님의 심판 선언

1 그런데 뱀은 여호와 하나님이 지
으신 들짐승 중에 가장 간교하
니라 뱀이 여자에게 물어 이르되
하나님이 참으로 너희에게 동산
모든 나무의 열매를 먹지 말라
하시더냐

2 여자가 뱀에게 말하되 동산 나무
의 열매를 우리가 먹을 수 있으나

3 동산 중앙에 있는 나무의 열매는
하나님의 말씀에 너희는 먹지도
말고 만지지도 말라 너희가 죽을
까 하노라 하셨느니라

22

23

24

25

[3장] 사람의 불순종과 하나님의 심판 선언

1

2

3

창3:4-12

4 뱀이 여자에게 이르되 너희가 결코 죽지 아니하리라

5 너희가 그것을 먹는 날에는 너희 눈이 밝아져 하나님과 같이 되어 선악을 알 줄 하나님이 아심이니라

6 여자가 그 나무를 본즉 먹음직도 하고 보암직도 하고 지혜롭게 할 만큼 탐스럽기도 한 나무인지라 여자가 그 열매를 따먹고 자기와 함께 있는 남편에게도 주매 그도 먹은지라

7 이에 그들의 눈이 밝아져 자기들이 벗은 줄을 알고 무화과나무 잎을 엮어 치마로 삼았더라

8 그들이 그 날 바람이 불 때 동산에 거니시는 여호와 하나님의 소리를 듣고 아담과 그의 아내가 여호와 하나님의 낯을 피하여 동산 나무 사이에 숨은지라

9 여호와 하나님이 아담을 부르시며 그에게 이르시되 네가 어디 있느냐

10 이르되 내가 동산에서 하나님의 소리를 듣고 내가 벗었으므로 두려워하여 숨었나이다

11 이르시되 누가 너의 벗었음을 네게 알렸느냐 내가 네게 먹지 말라 명한 그 나무 열매를 네가 먹었느냐

12 아담이 이르되 하나님이 주셔서 나와 함께 있게 하신 여자 그가 그 나무 열매를 내게 주므로 내가 먹었나이다

창세기

타락 이야기 (3:1-5:32)

창3:13-18

13 여호와 하나님이 여자에게 이르시되 네가 어찌하여 이렇게 하였느냐 여자가 이르되 뱀이 나를 꾀므로 내가 먹었나이다

14 여호와 하나님이 뱀에게 이르시되 네가 이렇게 하였으니 네가 모든 가축과 들의 모든 짐승보다 더욱 저주를 받아 배로 다니고 살아 있는 동안 흙을 먹을지니라

15 내가 너로 여자와 원수가 되게 하고 네 후손도 여자의 후손과 원수가 되게 하리니 여자의 후손은 네 머리를 상하게 할 것이요 너는 그의 발꿈치를 상하게 할 것이니라 하시고

16 또 여자에게 이르시되 내가 네게 임신하는 고통을 크게 더하리니 네가 수고하고 자식을 낳을 것이며 너는 남편을 원하고 남편은 너를 다스릴 것이니라 하시고

17 아담에게 이르시되 네가 네 아내의 말을 듣고 내가 네게 먹지 말라 한 나무의 열매를 먹었은즉 땅은 너로 말미암아 저주를 받고 너는 네 평생에 수고하여야 그 소산을 먹으리라

18 땅이 네게 가시덤불과 엉겅퀴를 낼 것이라 네가 먹을 것은 밭의 채소인즉

13

14

15

16

17

18

창3:19-24

19 네가 흙으로 돌아갈 때까지 얼
굴에 땀을 흘려야 먹을 것을 먹
으리니 네가 그것에서 취함을
입었음이라 너는 흙이니 흙으로
돌아갈 것이니라 하시니라

20 아담이 그의 아내의 이름을 하
와라 불렀으니 그는 모든 산 자
의 어머니가 됨이더라

21 여호와 하나님이 아담과 그의
아내를 위하여 가죽옷을 지어
입히시니라

아담과 하와를 쫓아내시다

22 여호와 하나님이 이르시되 보라
이 사람이 선악을 아는 일에 우리
중 하나 같이 되었으니 그가 그의
손을 들어 생명 나무 열매도 따먹
고 영생할까 하노라 하시고

23 여호와 하나님이 에덴 동산에서
그를 내보내어 그의 근원이 된
땅을 갈게 하시니라

24 이같이 하나님이 그 사람을 쫓아
내시고 에덴 동산 동쪽에 그룹들
과 두루 도는 불 칼을 두어 생명
나무의 길을 지키게 하시니라

창4:1-2

가인과 아벨

1 아담이 그의 아내 하와와 동침하
매 하와가 임신하여 가인을 낳고
이르되 내가 여호와로 말미암아
득남하였다 하니라

2 그가 또 가인의 아우 아벨을 낳
았는데 아벨은 양 치는 자였고
가인은 농사하는 자였더라

19

20

21

아담과 하와를 쫓아내시다

22

23

24

[4장] 가인과 아벨

1

2

창세기

타락 이야기 (3:1-5:32)

창4:3-11

3 세월이 지난 후에 가인은 땅의
소산으로 제물을 삼아 여호와께
드렸고

4 아벨은 자기도 양의 첫 새끼와 그
기름으로 드렸더니 여호와께서
아벨과 그의 제물은 받으셨으나

5 가인과 그의 제물은 받지 아니하
신지라 가인이 몹시 분하여 안색
이 변하니

6 여호와께서 가인에게 이르시되
네가 분하여 함은 어찌 됨이며
안색이 변함은 어찌 됨이냐

7 네가 선을 행하면 어찌 낯을 들
지 못하겠느냐 선을 행하지 아니
하면 죄가 문에 엎드려 있느니라
죄가 너를 원하나 너는 죄를 다
스릴지니라

8 가인이 그의 아우 아벨에게 말하
고 그들이 들에 있을 때에 가인
이 그의 아우 아벨을 쳐죽이니라

9 여호와께서 가인에게 이르시되
네 아우 아벨이 어디 있느냐 그
가 이르되 내가 알지 못하나이다
내가 내 아우를 지키는 자니이까

10 이르시되 네가 무엇을 하였느냐
네 아우의 핏소리가 땅에서부터
내게 호소하느니라

11 땅이 그 입을 벌려 네 손에서부
터 네 아우의 피를 받았은즉 네
가 땅에서 저주를 받으리니

3

4

5

6

7

8

9

10

11

창4:12-20

12 네가 밭을 갈아도 땅이 다시는
그 효력을 네게 주지 아니할 것
이요 너는 땅에서 피하며 유리
하는 자가 되리라

13 가인이 여호와께 아뢰되 내 죄
벌이 지기가 너무 무거우니이다

14 주께서 오늘 이 지면에서 나를
쫓아내시온즉 내가 주의 낯을
뵈옵지 못하리니 내가 땅에서
피하며 유리하는 자가 될지라
무릇 나를 만나는 자마다 나를
죽이겠나이다

15 여호와께서 그에게 이르시되 그
렇지 아니하다 가인을 죽이는
자는 벌을 칠 배나 받으리라 하
시고 가인에게 표를 주사 그를
만나는 모든 사람에게서 죽임을
면하게 하시니라

가인의 자손

16 가인이 여호와 앞을 떠나서 에
덴 동쪽 놋 땅에 거주하더니

17 아내와 동침하매 그가 임신하여
에녹을 낳은지라 가인이 성을
쌓고 그의 아들의 이름으로 성
을 이름하여 에녹이라 하니라

18 에녹이 이랏을 낳고 이랏은 므
후야엘을 낳고 므후야엘은 므드
사엘을 낳고 므드사엘은 라멕을
낳았더라

19 라멕이 두 아내를 맞이하였으니
하나의 이름은 아다요 하나의
이름은 씰라였더라

20 아다는 야발을 낳았으니 그는
장막에 거주하며 가축을 치는
자의 조상이 되었고

12

13

14

15

가인의 자손

16

17

18

19

20

창4:21-26

21 그의 아우의 이름은 유발이니
그는 수금과 퉁소를 잡는 모든
자의 조상이 되었으며

22 씰라는 두발가인을 낳았으니 그
는 구리와 쇠로 여러 가지 기구
를 만드는 자요 두발가인의 누
이는 나아마였더라

23 라멕이 아내들에게 이르되 아다
와 씰라여 내 목소리를 들으라
라멕의 아내들이여 내 말을 들
으라 나의 상처로 말미암아 내
가 사람을 죽였고 나의 상함으
로 말미암아 소년을 죽였도다

24 가인을 위하여는 벌이 칠 배일
진대 라멕을 위하여는 벌이 칠
십칠 배이리로다 하였더라

셋과 에노스

25 아담이 다시 자기 아내와 동침하
매 그가 아들을 낳아 그의 이름
을 셋이라 하였으니 이는 하나님
이 내게 가인이 죽인 아벨 대신
에 다른 씨를 주셨다 함이며

26 셋도 아들을 낳고 그의 이름을
에노스라 하였으며 그 때에 사
람들이 비로소 여호와의 이름을
불렀더라

21

22

23

24

셋과 에노스

25

26

년 월 일

창5:1-14

아담의 계보

1 이것은 아담의 계보를 적은 책
이니라 하나님이 사람을 창조하
실 때에 하나님의 모양대로 지
으시되

2 남자와 여자를 창조하셨고 그들
이 창조되던 날에 하나님이 그들
에게 복을 주시고 그들의 이름을
사람이라 일컬으셨더라

3 아담은 백삼십 세에 자기의 모양
곧 자기의 형상과 같은 아들을
낳아 이름을 셋이라 하였고

4 아담은 셋을 낳은 후 팔백 년을
지내며 자녀들을 낳았으며

5 그는 구백삼십 세를 살고 죽었
더라

6 셋은 백오 세에 에노스를 낳았고

7 에노스를 낳은 후 팔백칠 년을
지내며 자녀들을 낳았으며

8 그는 구백십이 세를 살고 죽었
더라

9 에노스는 구십 세에 게난을 낳
았고

10 게난을 낳은 후 팔백십오 년을
지내며 자녀들을 낳았으며

11 그는 구백오 세를 살고 죽었더라

12 게난은 칠십 세에 마할랄렐을
낳았고

13 마할랄렐을 낳은 후 팔백사십
년을 지내며 자녀들을 낳았으며

14 그는 구백십 세를 살고 죽었더라

[5장] 아담의 계보

1

2

3

4

5

6

7

8

9

10

11

12

13

14

창5:15-27

15 마할랄렐은 육십오 세에 야렛을 낳았고

16 야렛을 낳은 후 팔백삼십 년을 지내며 자녀를 낳았으며

17 그는 팔백구십오 세를 살고 죽었더라

18 야렛은 백육십이 세에 에녹을 낳았고

19 에녹을 낳은 후 팔백 년을 지내며 자녀들을 낳았으며

20 그는 구백육십이 세를 살고 죽었더라

21 에녹은 육십오 세에 므두셀라를 낳았고

22 므두셀라를 낳은 후 삼백 년을 하나님과 동행하며 자녀들을 낳았으며

23 그는 삼백육십오 세를 살았더라

24 에녹이 하나님과 동행하더니 하나님이 그를 데려가시므로 세상에 있지 아니하였더라

25 므두셀라는 백팔십칠 세에 라멕을 낳았고

26 라멕을 낳은 후 칠백팔십이 년을 지내며 자녀를 낳았으며

27 그는 구백육십구 세를 살고 죽었더라

년 월 일

창5:28-32

28 라멕은 백팔십이 세에 아들을
낳고

29 이름을 노아라 하여 이르되 여
호와께서 땅을 저주하시므로 수
고롭게 일하는 우리를 이 아들
이 안위하리라 하였더라

30 라멕은 노아를 낳은 후 오백구
십오 년을 지내며 자녀들을 낳
았으며

31 그는 칠백칠십칠 세를 살고 죽
었더라

32 노아는 오백 세 된 후에 셈과 함
과 야벳을 낳았더라

창6:1-4

사람의 죄악

1 사람이 땅 위에 번성하기 시작할
때에 그들에게서 딸들이 나니

2 하나님의 아들들이 사람의 딸들
의 아름다움을 보고 자기들이 좋
아하는 모든 여자를 아내로 삼는
지라

3 여호와께서 이르시되 나의 영이
영원히 사람과 함께 하지 아니하
리니 이는 그들이 육신이 됨이라
그러나 그들의 날은 백이십 년이
되리라 하시니라

4 당시에 땅에는 네피림이 있었고
그 후에도 하나님의 아들들이 사
람의 딸들에게로 들어와 자식을
낳았으니 그들은 용사라 고대에
명성이 있는 사람들이었더라

28

29

30

31

32

[6장] 사람의 죄악

1

2

3

4

창세기

홍수 이야기 (6:1-9:29)

창6:5-13

5 여호와께서 사람의 죄악이 세상
에 가득함과 그의 마음으로 생각
하는 모든 계획이 항상 악할 뿐
임을 보시고

6 땅 위에 사람 지으셨음을 한탄하
사 마음에 근심하시고

7 이르시되 내가 창조한 사람을 내
가 지면에서 쓸어버리되 사람으
로부터 가축과 기는 것과 공중의
새까지 그리하리니 이는 내가 그
것들을 지었음을 한탄함이니라
하시니라

8 그러나 노아는 여호와께 은혜를
입었더라

노아의 족보

9 이것이 노아의 족보니라 노아는
의인이요 당대에 완전한 자라 그
는 하나님과 동행하였으며

10 세 아들을 낳았으니 셈과 함과
야벳이라

11 그 때에 온 땅이 하나님 앞에 부패
하여 포악함이 땅에 가득한지라

12 하나님이 보신즉 땅이 부패하였
으니 이는 땅에서 모든 혈육 있
는 자의 행위가 부패함이었더라

13 하나님이 노아에게 이르시되 모
든 혈육 있는 자의 포악함이 땅
에 가득하므로 그 끝 날이 내 앞
에 이르렀으니 내가 그들을 땅
과 함께 멸하리라

5

6

7

8

노아의 족보

9

10

11

12

13

년 월 일

창6:14-22

14 너는 고페르 나무로 너를 위하여
방주를 만들되 그 안에 칸들을
막고 역청을 그 안팎에 칠하라
15 네가 만들 방주는 이러하니 그
길이는 삼백 규빗, 너비는 오십
규빗, 높이는 삼십 규빗이라
16 거기에 창을 내되 위에서부터 한
규빗에 내고 그 문은 옆으로 내
고 상 중 하 삼층으로 할지니라
17 내가 홍수를 땅에 일으켜 무릇
생명의 기운이 있는 모든 육체
를 천하에서 멸절하리니 땅에
있는 것들이 다 죽으리라
18 그러나 너와는 내가 내 언약을
세우리니 너는 네 아들들과 네
아내와 네 며느리들과 함께 그
방주로 들어가고
19 혈육 있는 모든 생물을 너는 각
기 암수 한 쌍씩 방주로 이끌어
들여 너와 함께 생명을 보존하
게 하되
20 새가 그 종류대로, 가축이 그 종
류대로, 땅에 기는 모든 것이 그
종류대로 각기 둘씩 네게로 나
아오리니 그 생명을 보존하게
하라
21 너는 먹을 모든 양식을 네게로
가져다가 저축하라 이것이 너와
그들의 먹을 것이 되리라
22 노아가 그와 같이 하여 하나님
이 자기에게 명하신 대로 다 준
행하였더라

14

15

16

17

18

19

20

21

22

창세기

■ 홍수 이야기 (6:1-9:29)

창7:1-10

홍수

1 여호와께서 노아에게 이르시되
너와 네 온 집은 방주로 들어가
라 이 세대에서 네가 내 앞에 의
로움을 내가 보았음이니라

2 너는 모든 정결한 짐승은 암수
일곱씩, 부정한 것은 암수 둘씩을
네게로 데려오며

3 공중의 새도 암수 일곱씩을 데려
와 그 씨를 온 지면에 유전하게
하라

4 지금부터 칠 일이면 내가 사십
주야를 땅에 비를 내려 내가 지
은 모든 생물을 지면에서 쓸어버
리리라

5 노아가 여호와께서 자기에게 명
하신 대로 다 준행하였더라

6 홍수가 땅에 있을 때에 노아가
육백 세라

7 노아는 아들들과 아내와 며느리
들과 함께 홍수를 피하여 방주에
들어갔고

8 정결한 짐승과 부정한 짐승과 새
와 땅에 기는 모든 것은

9 하나님이 노아에게 명하신 대로
암수 둘씩 노아에게 나아와 방주
로 들어갔으며

10 칠 일 후에 홍수가 땅에 덮이니

[7장] 홍수

1

2

3

4

5

6

7

8

9

10

창7:11-21

11 노아가 육백 세 되던 해 둘째 달 곧 그 달 열이렛날이라 그 날에 큰 깊음의 샘들이 터지며 하늘의 창문들이 열려

12 사십 주야를 비가 땅에 쏟아졌더라

13 곧 그 날에 노아와 그의 아들 셈, 함, 야벳과 노아의 아내와 세 며느리가 다 방주로 들어갔고

14 그들과 모든 들짐승이 그 종류대로, 모든 가축이 그 종류대로, 땅에 기는 모든 것이 그 종류대로, 모든 새가 그 종류대로

15 무릇 생명의 기운이 있는 육체가 둘씩 노아에게 나아와 방주로 들어갔으니

16 들어간 것들은 모든 것의 암수라 하나님이 그에게 명하신 대로 들어가매 여호와께서 그를 들여보내고 문을 닫으시니라

17 홍수가 땅에 사십 일 동안 계속된지라 물이 많아져 방주가 땅에서 떠올랐고

18 물이 더 많아져 땅에 넘치매 방주가 물 위에 떠 다녔으며

19 물이 땅에 더욱 넘치매 천하의 높은 산이 다 잠겼더니

20 물이 불어서 십오 규빗이나 오르니 산들이 잠긴지라

21 땅 위에 움직이는 생물이 다 죽었으니 곧 새와 가축과 들짐승과 땅에 기는 모든 것과 모든 사람이라

11

12

13

14

15

16

17

18

19

20

21

창세기

홍수 이야기 (6:1-9:29)

창7:22-24

22 육지에 있어 그 코에 생명의 기운
의 숨이 있는 것은 다 죽었더라

23 지면의 모든 생물을 쓸어버리시
니 곧 사람과 가축과 기는 것과
공중의 새까지라 이들은 땅에서
쓸어버림을 당하였으되 오직 노
아와 그와 함께 방주에 있던 자
들만 남았더라

24 물이 백오십 일을 땅에 넘쳤더라

창8:1-6

홍수가 그치다

1 하나님이 노아와 그와 함께 방
주에 있는 모든 들짐승과 가축
을 기억하사 하나님이 바람을
땅 위에 불게 하시매 물이 줄어
들었고

2 깊음의 샘과 하늘의 창문이 닫히
고 하늘에서 비가 그치매

3 물이 땅에서 물러가고 점점 물러
가서 백오십 일 후에 줄어들고

4 일곱째 달 곧 그 달 열이렛날에
방주가 아라랏 산에 머물렀으며

5 물이 점점 줄어들어 열째 달 곧
그 달 초하룻날에 산들의 봉우리
가 보였더라

6 사십 일을 지나서 노아가 그 방
주에 낸 창문을 열고

22

23

24

[8장] 홍수가 그치다

1

2

3

4

5

6

년 월 일

창8:7-17

7 까마귀를 내놓으매 까마귀가 물
이 땅에서 마르기까지 날아 왕래
하였더라

8 그가 또 비둘기를 내놓아 지면에서
물이 줄어들었는지를 알고자 하매

9 온 지면에 물이 있으므로 비둘기
가 발 붙일 곳을 찾지 못하고 방
주로 돌아와 그에게로 오는지라
그가 손을 내밀어 방주 안 자기
에게로 받아들이고

10 또 칠 일을 기다려 다시 비둘기
를 방주에서 내놓으매

11 저녁때에 비둘기가 그에게로 돌
아왔는데 그 입에 감람나무 새
잎사귀가 있는지라 이에 노아가
땅에 물이 줄어든 줄을 알았으며

12 또 칠 일을 기다려 비둘기를 내
놓으매 다시는 그에게로 돌아오
지 아니하였더라

13 육백일 년 첫째 달 곧 그 달 초하
룻날에 땅 위에서 물이 걷힌지
라 노아가 방주 뚜껑을 제치고
본즉 지면에서 물이 걷혔더니

14 둘째 달 스무이렛날에 땅이 말
랐더라

15 하나님이 노아에게 말씀하여 이
르시되

16 너는 네 아내와 네 아들들과 네 며
느리들과 함께 방주에서 나오고

17 너와 함께 한 모든 혈육 있는 생
물 곧 새와 가축과 땅에 기는 모
든 것을 다 이끌어내라 이것들
이 땅에서 생육하고 땅에서 번
성하리라 하시매

7

8

9

10

11

12

13

14

15

16

17

창세기

■ 홍수 이야기 (6:1-9:29)

창8:18-22

18 노아가 그 아들들과 그의 아내
와 그 며느리들과 함께 나왔고

19 땅 위의 동물 곧 모든 짐승과 모
든 기는 것과 모든 새도 그 종류
대로 방주에서 나왔더라

노아가 번제를 드리다

20 노아가 여호와께 제단을 쌓고
모든 정결한 짐승과 모든 정결
한 새 중에서 제물을 취하여 번
제로 제단에 드렸더니

21 여호와께서 그 향기를 받으시고
그 중심에 이르시되 내가 다시는
사람으로 말미암아 땅을 저주하지
아니하리니 이는 사람의 마음이
계획하는 바가 어려서부터 악함이
라 내가 전에 행한 것 같이 모든 생
물을 다시 멸하지 아니하리니

22 땅이 있을 동안에는 심음과 거둠
과 추위와 더위와 여름과 겨울과
낮과 밤이 쉬지 아니하리라

창9:1-2

하나님이 노아와 언약을 세우시다

1 하나님이 노아와 그 아들들에게
복을 주시며 그들에게 이르시되
생육하고 번성하여 땅에 충만하라

2 땅의 모든 짐승과 공중의 모든
새와 땅에 기는 모든 것과 바다
의 모든 물고기가 너희를 두려워
하며 너희를 무서워하리니 이것
들은 너희의 손에 붙였음이니라

18

19

노아가 번제를 드리다

20

21

22

[9장] 하나님이 노아와 언약을 세우시다

1

2

년 월 일

창9:3-12

3 모든 산 동물은 너희의 먹을 것
이 될지라 채소 같이 내가 이것
을 다 너희에게 주노라

4 그러나 고기를 그 생명 되는 피
째 먹지 말 것이니라

5 내가 반드시 너희의 피 곧 너희
의 생명의 피를 찾으리니 짐승이
면 그 짐승에게서, 사람이나 사람
의 형제면 그에게서 그의 생명을
찾으리라

6 다른 사람의 피를 흘리면 그 사
람의 피도 흘릴 것이니 이는 하
나님이 자기 형상대로 사람을 지
으셨음이니라

7 너희는 생육하고 번성하며 땅에
가득하여 그 중에서 번성하라 하
셨더라

8 하나님이 노아와 그와 함께 한
아들들에게 말씀하여 이르시되

9 내가 내 언약을 너희와 너희 후
손과

10 너희와 함께 한 모든 생물 곧 너
희와 함께 한 새와 가축과 땅의
모든 생물에게 세우리니 방주에
서 나온 모든 것 곧 땅의 모든 짐
승에게니라

11 내가 너희와 언약을 세우리니 다
시는 모든 생물을 홍수로 멸하지
아니할 것이라 땅을 멸할 홍수가
다시 있지 아니하리라

12 하나님이 이르시되 내가 나와 너
희와 및 너희와 함께 하는 모든
생물 사이에 대대로 영원히 세우
는 언약의 증거는 이것이니라

3

4

5

6

7

8

9

10

11

12

창9:13-21

13 내가 내 무지개를 구름 속에 두었나니 이것이 나와 세상 사이의 언약의 증거니라

14 내가 구름으로 땅을 덮을 때에 무지개가 구름 속에 나타나면

15 내가 나와 너희와 및 육체를 가진 모든 생물 사이의 내 언약을 기억하리니 다시는 물이 모든 육체를 멸하는 홍수가 되지 아니할지라

16 무지개가 구름 사이에 있으리니 내가 보고 나 하나님과 모든 육체를 가진 땅의 모든 생물 사이의 영원한 언약을 기억하리라

17 하나님이 노아에게 또 이르시되 내가 나와 땅에 있는 모든 생물 사이에 세운 언약의 증거가 이것이라 하셨더라

노아와 그 아들들

18 방주에서 나온 노아의 아들들은 셈과 함과 야벳이며 함은 가나안의 아버지라

19 노아의 이 세 아들로부터 사람들이 온 땅에 퍼지니라

20 노아가 농사를 시작하여 포도나무를 심었더니

21 포도주를 마시고 취하여 그 장막 안에서 벌거벗은지라

13

14

15

16

17

노아와 그 아들들

18

19

20

21

창9:22-29

22 가나안의 아버지 함이 그의 아
버지의 하체를 보고 밖으로 나
가서 그의 두 형제에게 알리매

23 셈과 야벳이 옷을 가져다가 자
기들의 어깨에 메고 뒷걸음쳐
들어가서 그들의 아버지의 하체
를 덮었으며 그들이 얼굴을 돌
이키고 그들의 아버지의 하체를
보지 아니하였더라

24 노아가 술이 깨어 그의 작은 아
들이 자기에게 행한 일을 알고

25 이에 이르되 가나안은 저주를
받아 그의 형제의 종들의 종이
되기를 원하노라 하고

26 또 이르되 셈의 하나님 여호와
를 찬송하리로다 가나안은 셈의
종이 되고

27 하나님이 야벳을 창대하게 하사
셈의 장막에 거하게 하시고 가
나안은 그의 종이 되게 하시기
를 원하노라 하였더라

28 홍수 후에 노아가 삼백오십 년
을 살았고

29 그의 나이가 구백오십 세가 되
어 죽었더라

창10:1-2

노아의 아들들의 족보

1 노아의 아들 셈과 함과 야벳의
족보는 이러하니라 홍수 후에 그
들이 아들들을 낳았으니

2 야벳의 아들은 고멜과 마곡과 마
대와 야완과 두발과 메섹과 디라
스요

22

23

24

25

26

27

28

29

[10장] 노아의 아들들의 족보

1

2

창세기

민족 | 나라 이야기 (10:1-11:32)

창10:3-13

3 고멜의 아들은 아스그나스와 리밧과 도갈마요

4 야완의 아들은 엘리사와 달시스와 깃딤과 도다님이라

5 이들로부터 여러 나라 백성으로 나뉘어서 각기 언어와 종족과 나라대로 바닷가의 땅에 머물렀더라

6 함의 아들은 구스와 미스라임과 붓과 가나안이요

7 구스의 아들은 스바와 하윌라와 삽다와 라아마와 삽드가요 라아마의 아들은 스바와 드단이며

8 구스가 또 니므롯을 낳았으니 그는 세상에 첫 용사라

9 그가 여호와 앞에서 용감한 사냥꾼이 되었으므로 속담에 이르기를 아무는 여호와 앞에 니므롯 같이 용감한 사냥꾼이로다 하더라

10 그의 나라는 시날 땅의 바벨과 에렉과 악갓과 갈레에서 시작되었으며

11 그가 그 땅에서 앗수르로 나아가 니느웨와 르호보딜과 갈라와

12 및 니느웨와 갈라 사이의 레센을 건설하였으니 이는 큰 성읍이라

13 미스라임은 루딤과 아나밈과 르하빔과 납두힘과

3

4

5

6

7

8

9

10

11

12

13

년 월 일

창10:14-25

14 바드루심과 가슬루힘과 갑도림
을 낳았더라 (가슬루힘에게서
블레셋이 나왔더라)

15 가나안은 장자 시돈과 헷을 낳고

16 또 여부스 족속과 아모리 족속
과 기르가스 족속과

17 히위 족속과 알가 족속과 신 족
속과

18 아르왓 족속과 스말 족속과 하
맛 족속을 낳았더니 이 후로 가
나안 자손의 족속이 흩어져 나
아갔더라

19 가나안의 경계는 시돈에서부터
그랄을 지나 가사까지와 소돔과
고모라와 아드마와 스보임을 지
나 라사까지였더라

20 이들은 함의 자손이라 각기 족
속과 언어와 지방과 나라대로였
더라

21 셈은 에벨 온 자손의 조상이요
야벳의 형이라 그에게도 자녀가
출생하였으니

22 셈의 아들은 엘람과 앗수르와
아르박삿과 룻과 아람이요

23 아람의 아들은 우스와 훌과 게
델과 마스며

24 아르박삿은 셀라를 낳고 셀라는
에벨을 낳았으며

25 에벨은 두 아들을 낳고 하나의
이름을 벨렉이라 하였으니 그
때에 세상이 나뉘었음이요 벨렉
의 아우의 이름은 욕단이며

14

15

16

17

18

19

20

21

22

23

24

25

창세기

창10:26-32

26 욕단은 알모닷과 셀렙과 하살마
웻과 예라와
27 하도람과 우살과 디글라와
28 오발과 아비마엘과 스바와
29 오빌과 하윌라와 요밥을 낳았으
니 이들은 다 욕단의 아들이며
30 그들이 거주하는 곳은 메사에서
부터 스발로 가는 길의 동쪽 산
이었더라
31 이들은 셈의 자손이니 그 족속과
언어와 지방과 나라대로였더라
32 이들은 그 백성들의 족보에 따
르면 노아 자손의 족속들이요
홍수 후에 이들에게서 그 땅의
백성들이 나뉘었더라

창11:1-3

바벨

1 온 땅의 언어가 하나요 말이 하
나였더라
2 이에 그들이 동방으로 옮기다
가 시날 평지를 만나 거기 거류
하며
3 서로 말하되 자, 벽돌을 만들어
견고히 굽자 하고 이에 벽돌로
돌을 대신하며 역청으로 진흙을
대신하고

26

27

28

29

30

31

32

[11장] 바벨

1

2

3

창11:4-13

4 또 말하되 자, 성읍과 탑을 건설
하여 그 탑 꼭대기를 하늘에 닿
게 하여 우리 이름을 내고 온 지
면에 흩어짐을 면하자 하였더니

5 여호와께서 사람들이 건설하는
그 성읍과 탑을 보려고 내려오셨
더라

6 여호와께서 이르시되 이 무리가
한 족속이요 언어도 하나이므로
이같이 시작하였으니 이 후로는
그 하고자 하는 일을 막을 수 없
으리로다

7 자, 우리가 내려가서 거기서 그들
의 언어를 혼잡하게 하여 그들이
서로 알아듣지 못하게 하자 하시고

8 여호와께서 거기서 그들을 온 지
면에 흩으셨으므로 그들이 그 도
시를 건설하기를 그쳤더라

9 그러므로 그 이름을 바벨이라 하
니 이는 여호와께서 거기서 온
땅의 언어를 혼잡하게 하셨음이
니라 여호와께서 거기서 그들을
온 지면에 흩으셨더라

셈의 족보

10 셈의 족보는 이러하니라 셈은
백 세 곧 홍수 후 이 년에 아르박
삿을 낳았고

11 아르박삿을 낳은 후에 오백 년
을 지내며 자녀를 낳았으며

12 아르박삿은 삼십오 세에 셀라를
낳았고

13 셀라를 낳은 후에 사백삼 년을
지내며 자녀를 낳았으며

4

5

6

7

8

9

셈의 족보

10

11

12

13

창세기

창11:14-27

14 셀라는 삼십 세에 에벨을 낳았고

15 에벨을 낳은 후에 사백삼 년을 지내며 자녀를 낳았으며

16 에벨은 삼십사 세에 벨렉을 낳았고

17 벨렉을 낳은 후에 사백삼십 년을 지내며 자녀를 낳았으며

18 벨렉은 삼십 세에 르우를 낳았고

19 르우를 낳은 후에 이백구 년을 지내며 자녀를 낳았으며

20 르우는 삼십이 세에 스룩을 낳았고

21 스룩을 낳은 후에 이백칠 년을 지내며 자녀를 낳았으며

22 스룩은 삼십 세에 나홀을 낳았고

23 나홀을 낳은 후에 이백 년을 지내며 자녀를 낳았으며

24 나홀은 이십구 세에 데라를 낳았고

25 데라를 낳은 후에 백십구 년을 지내며 자녀를 낳았으며

26 데라는 칠십 세에 아브람과 나홀과 하란을 낳았더라

데라의 족보

27 데라의 족보는 이러하니라 데라는 아브람과 나홀과 하란을 낳고 하란은 롯을 낳았으며

14

15

16

17

18

19

20

21

22

23

24

25

26

데라의 족보

27

창11:28-32

28 하란은 그 아비 데라보다 먼저 고향 갈대아인의 우르에서 죽었더라

29 아브람과 나홀이 장가 들었으니 아브람의 아내의 이름은 사래며 나홀의 아내의 이름은 밀가니 하란의 딸이요 하란은 밀가의 아버지이며 또 이스가의 아버지더라

30 사래는 임신하지 못하므로 자식이 없었더라

31 데라가 그 아들 아브람과 하란의 아들인 그의 손자 롯과 그의 며느리 아브람의 아내 사래를 데리고 갈대아인의 우르를 떠나 가나안 땅으로 가고자 하더니 하란에 이르러 거기 거류하였으며

32 데라는 나이가 이백오 세가 되어 하란에서 죽었더라

창12:1-3

여호와께서 아브람에게 이르시다

1 여호와께서 아브람에게 이르시되 너는 너의 고향과 친척과 아버지의 집을 떠나 내가 네게 보여 줄 땅으로 가라

2 내가 너로 큰 민족을 이루고 네게 복을 주어 네 이름을 창대하게 하리니 너는 복이 될지라

3 너를 축복하는 자에게는 내가 복을 내리고 너를 저주하는 자에게는 내가 저주하리니 땅의 모든 족속이 너로 말미암아 복을 얻을 것이라 하신지라

28

29

30

31

32

[12장] 여호와께서 아브람에게 이르시다

1

2

3

창세기

아브라함 이야기 (12:1-25:18)

창12:4-10

4 이에 아브람이 여호와의 말씀을
따라갔고 롯도 그와 함께 갔으며
아브람이 하란을 떠날 때에 칠십
오 세였더라
5 아브람이 그의 아내 사래와 조카
롯과 하란에서 모은 모든 소유와
얻은 사람들을 이끌고 가나안 땅
으로 가려고 떠나서 마침내 가나
안 땅에 들어갔더라
6 아브람이 그 땅을 지나 세겜 땅
모레 상수리나무에 이르니 그 때
에 가나안 사람이 그 땅에 거주
하였더라
7 여호와께서 아브람에게 나타나
이르시되 내가 이 땅을 네 자손
에게 주리라 하신지라 자기에게
나타나신 여호와께 그가 그 곳에
서 제단을 쌓고
8 거기서 벧엘 동쪽 산으로 옮겨
장막을 치니 서쪽은 벧엘이요 동
쪽은 아이라 그가 그 곳에서 여
호와께 제단을 쌓고 여호와의 이
름을 부르더니
9 점점 남방으로 옮겨갔더라

아브람이 애굽으로 내려가다

10 그 땅에 기근이 들었으므로 아
브람이 애굽에 거류하려고 그리
로 내려갔으니 이는 그 땅에 기
근이 심하였음이라

4

5

6

7

8

9

아브람이 애굽으로 내려가다

10

창12:11-20

11 그가 애굽에 가까이 이르렀을
때에 그의 아내 사래에게 말하
되 내가 알기에 그대는 아리따
운 여인이라
12 애굽 사람이 그대를 볼 때에 이
르기를 이는 그의 아내라 하여
나는 죽이고 그대는 살리리니
13 원하건대 그대는 나의 누이라
하라 그러면 내가 그대로 말미
암아 안전하고 내 목숨이 그대
로 말미암아 보존되리라 하니라
14 아브람이 애굽에 이르렀을 때에
애굽 사람들이 그 여인이 심히
아리따움을 보았고
15 바로의 고관들도 그를 보고 바로
앞에서 칭찬하므로 그 여인을 바
로의 궁으로 이끌어들인지라
16 이에 바로가 그로 말미암아 아
브람을 후대하므로 아브람이 양
과 소와 노비와 암수 나귀와 낙
타를 얻었더라
17 여호와께서 아브람의 아내 사래
의 일로 바로와 그 집에 큰 재앙
을 내리신지라
18 바로가 아브람을 불러서 이르되 네
가 어찌하여 나에게 이렇게 행하였
느냐 네가 어찌하여 그를 네 아내
라고 내게 말하지 아니하였느냐
19 네가 어찌 그를 누이라 하여 내
가 그를 데려다가 아내를 삼게
하였느냐 네 아내가 여기 있으
니 이제 데려가라 하고
20 바로가 사람들에게 그의 일을 명
하매 그들이 그와 함께 그의 아내
와 그의 모든 소유를 보내었더라

11

12

13

14

15

16

17

18

19

20

창세기

창13:1-9

아브람과 롯이 서로 떠나다

1 아브람이 애굽에서 그와 그의 아내와 모든 소유와 롯과 함께 네게브로 올라가니

2 아브람에게 가축과 은과 금이 풍부하였더라

3 그가 네게브에서부터 길을 떠나 벧엘에 이르며 벧엘과 아이 사이 곧 전에 장막 쳤던 곳에 이르니

4 그가 처음으로 제단을 쌓은 곳이라 그가 거기서 여호와의 이름을 불렀더라

5 아브람의 일행 롯도 양과 소와 장막이 있으므로

6 그 땅이 그들이 동거하기에 넉넉하지 못하였으니 이는 그들의 소유가 많아서 동거할 수 없었음이니라

7 그러므로 아브람의 가축의 목자와 롯의 가축의 목자가 서로 다투고 또 가나안 사람과 브리스 사람도 그 땅에 거주하였는지라

8 아브람이 롯에게 이르되 우리는 한 친족이라 나나 너나 내 목자나 네 목자나 서로 다투게 하지 말자

9 네 앞에 온 땅이 있지 아니하냐 나를 떠나가라 네가 좌하면 나는 우하고 네가 우하면 나는 좌하리라

[13장] 아브람과 롯이 서로 떠나다

1

2

3

4

5

6

7

8

9

창13:10-18

10 이에 롯이 눈을 들어 요단 지역
을 바라본즉 소알까지 온 땅에
물이 넉넉하니 여호와께서 소돔
과 고모라를 멸하시기 전이었으
므로 여호와의 동산 같고 애굽
땅과 같았더라

11 그러므로 롯이 요단 온 지역을
택하고 동으로 옮기니 그들이
서로 떠난지라

12 아브람은 가나안 땅에 거주하였
고 롯은 그 지역의 도시들에 머
무르며 그 장막을 옮겨 소돔까
지 이르렀더라

13 소돔 사람은 여호와 앞에 악하
며 큰 죄인이었더라

아브람이 헤브론으로 옮기다

14 롯이 아브람을 떠난 후에 여호
와께서 아브람에게 이르시되 너
는 눈을 들어 너 있는 곳에서 북
쪽과 남쪽 그리고 동쪽과 서쪽
을 바라보라

15 보이는 땅을 내가 너와 네 자손
에게 주리니 영원히 이르리라

16 내가 네 자손이 땅의 티끌 같게
하리니 사람이 땅의 티끌을 능
히 셀 수 있을진대 네 자손도 세
리라

17 너는 일어나 그 땅을 종과 횡으
로 두루 다녀 보라 내가 그것을
네게 주리라

18 이에 아브람이 장막을 옮겨 헤
브론에 있는 마므레 상수리 수
풀에 이르러 거주하며 거기서
여호와를 위하여 제단을 쌓았
더라

10

11

12

13

아브람이 헤브론으로 옮기다

14

15

16

17

18

창세기

■ 아브라함 이야기 (12:1-25:18)

창14:1-8

아브라함이 롯을 구하다

1 당시에 시날 왕 아므라벨과 엘라
살 왕 아리옥과 엘람 왕 그돌라
오멜과 고임 왕 디달이

2 소돔 왕 베라와 고모라 왕 비르
사와 아드마 왕 시납과 스보임
왕 세메벨과 벨라 곧 소알 왕과
싸우니라

3 이들이 다 싯딤 골짜기 곧 지금
의 염해에 모였더라

4 이들이 십이 년 동안 그돌라오멜
을 섬기다가 제십삼년에 배반한
지라

5 제십사년에 그돌라오멜과 그와
함께 한 왕들이 나와서 아스드롯
가르나임에서 르바 족속을, 함에
서 수스 족속을, 사웨 기랴다임에
서 엠 족속을 치고

6 호리 족속을 그 산 세일에서 쳐
서 광야 근방 엘바란까지 이르렀
으며

7 그들이 돌이켜 엔미스밧 곧 가데
스에 이르러 아말렉 족속의 온
땅과 하사손다말에 사는 아모리
족속을 친지라

8 소돔 왕과 고모라 왕과 아드마
왕과 스보임 왕과 벨라 곧 소알
왕이 나와서 싯딤 골짜기에서 그
들과 전쟁을 하기 위하여 진을
쳤더니

[14장] 아브람이 롯을 구하다

1

2

3

4

5

6

7

8

창14:9-17

9 엘람 왕 그돌라오멜과 고임 왕
디달과 시날 왕 아므라벨과 엘라
살 왕 아리옥 네 왕이 곧 그 다섯
왕과 맞서니라

10 싯딤 골짜기에는 역청 구덩이가
많은지라 소돔 왕과 고모라 왕이
달아날 때에 그들이 거기 빠지고
그 나머지는 산으로 도망하매

11 네 왕이 소돔과 고모라의 모든
재물과 양식을 빼앗아 가고

12 소돔에 거주하는 아브람의 조카
롯도 사로잡고 그 재물까지 노
략하여 갔더라

13 도망한 자가 와서 히브리 사람
아브람에게 알리니 그 때에 아
브람이 아모리 족속 마므레의
상수리 수풀 근처에 거주하였더
라 마므레는 에스골의 형제요
또 아넬의 형제라 이들은 아브
람과 동맹한 사람들이더라

14 아브람이 그의 조카가 사로잡혔
음을 듣고 집에서 길리고 훈련
된 자 삼백십팔 명을 거느리고
단까지 쫓아가서

15 그와 그의 가신들이 나뉘어 밤
에 그들을 쳐부수고 다메섹 왼
편 호바까지 쫓아가

16 모든 빼앗겼던 재물과 자기의
조카 롯과 그의 재물과 또 부녀
와 친척을 다 찾아왔더라

멜기세덱이 아브람에게 축복하다

17 아브람이 그돌라오멜과 그와 함
께 한 왕들을 쳐부수고 돌아올 때
에 소돔 왕이 사웨 골짜기 곧 왕의
골짜기로 나와 그를 영접하였고

년 월 일

9

10

11

12

13

14

15

16

멜기세덱이 아브람에게 축복하다

17

창세기

아브라함 이야기 (12:1-25:18)

창14:18-24

18 살렘 왕 멜기세덱이 떡과 포도
주를 가지고 나왔으니 그는 지
극히 높으신 하나님의 제사장이
었더라
19 그가 아브람에게 축복하여 이르
되 천지의 주재이시요 지극히
높으신 하나님이여 아브람에게
복을 주옵소서
20 너희 대적을 네 손에 붙이신 지
극히 높으신 하나님을 찬송할지
로다 하매 아브람이 그 얻은 것
에서 십분의 일을 멜기세덱에게
주었더라
21 소돔 왕이 아브람에게 이르되
사람은 내게 보내고 물품은 네
가 가지라
22 아브람이 소돔 왕에게 이르되
천지의 주재이시요 지극히 높으
신 하나님 여호와께 내가 손을
들어 맹세하노니
23 네 말이 내가 아브람으로 치부
하게 하였다 할까 하여 네게 속
한 것은 실 한 오라기나 들메끈
한 가닥도 내가 가지지 아니하
리라
24 오직 젊은이들이 먹은 것과 나
와 동행한 아넬과 에스골과 마
므레의 분깃을 제할지니 그들이
그 분깃을 가질 것이니라

18

19

20

21

22

23

24

창15:1-9

여호와께서 아브람과 언약을 세우시다

1 이 후에 여호와의 말씀이 환상 중에 아브람에게 임하여 이르시되 아브람아 두려워하지 말라 나는 네 방패요 너의 지극히 큰 상급이니라

2 아브람이 이르되 주 여호와여 무엇을 내게 주시려 하나이까 나는 자식이 없사오니 나의 상속자는 이 다메섹 사람 엘리에셀이니이다

3 아브람이 또 이르되 주께서 내게 씨를 주지 아니하셨으니 내 집에서 길린 자가 내 상속자가 될 것이니이다

4 여호와의 말씀이 그에게 임하여 이르시되 그 사람이 네 상속자가 아니라 네 몸에서 날 자가 네 상속자가 되리라 하시고

5 그를 이끌고 밖으로 나가 이르시되 하늘을 우러러 뭇별을 셀 수 있나 보라 또 그에게 이르시되 네 자손이 이와 같으리라

6 아브람이 여호와를 믿으니 여호와께서 이를 그의 의로 여기시고

7 또 그에게 이르시되 나는 이 땅을 네게 주어 소유를 삼게 하려고 너를 갈대아인의 우르에서 이끌어 낸 여호와니라

8 그가 이르되 주 여호와여 내가 이 땅을 소유로 받을 것을 무엇으로 알리이까

9 여호와께서 그에게 이르시되 나를 위하여 삼 년 된 암소와 삼 년 된 암염소와 삼 년 된 숫양과 산비둘기와 집비둘기 새끼를 가져올지니라

년 월 일

[15장] 여호와께서 아브람과 언약을 세우시다

1

2

3

4

5

6

7

8

9

창세기

아브라함 이야기 (12:1-25:18)

창15:10-18

10 아브람이 그 모든 것을 가져다
가 그 중간을 쪼개고 그 쪼갠 것
을 마주 대하여 놓고 그 새는 쪼
개지 아니하였으며
11 솔개가 그 사체 위에 내릴 때에
는 아브람이 쫓았더라
12 해 질 때에 아브람에게 깊은 잠
이 임하고 큰 흑암과 두려움이
그에게 임하였더니
13 여호와께서 아브람에게 이르시
되 너는 반드시 알라 네 자손이
이방에서 객이 되어 그들을 섬
기겠고 그들은 사백 년 동안 네
자손을 괴롭히리니
14 그들이 섬기는 나라를 내가 징
벌할지며 그 후에 네 자손이 큰
재물을 이끌고 나오리라
15 너는 장수하다가 평안히 조상에
게로 돌아가 장사될 것이요
16 네 자손은 사대 만에 이 땅으로
돌아오리니 이는 아모리 족속의
죄악이 아직 가득 차지 아니함
이니라 하시더니
17 해가 져서 어두울 때에 연기 나
는 화로가 보이며 타는 횃불이
쪼갠 고기 사이로 지나더라
18 그 날에 여호와께서 아브람과 더
불어 언약을 세워 이르시되 내가
이 땅을 애굽 강에서부터 그 큰 강
유브라데까지 네 자손에게 주노니

10

11

12

13

14

15

16

17

18

창15:19-21

19 곧 겐 족속과 그니스 족속과 갓
몬 족속과

20 헷 족속과 브리스 족속과 르바
족속과

21 아모리 족속과 가나안 족속과
기르가스 족속과 여부스 족속의
땅이니라 하셨더라

창16:1-5

하갈과 이스마엘

1 아브람의 아내 사래는 출산하지 못
하였고 그에게 한 여종이 있으니
애굽 사람이요 이름은 하갈이라

2 사래가 아브람에게 이르되 여호
와께서 내 출산을 허락하지 아니
하셨으니 원하건대 내 여종에게
들어가라 내가 혹 그로 말미암아
자녀를 얻을까 하노라 하매 아브
람이 사래의 말을 들으니라

3 아브람의 아내 사래가 그 여종
애굽 사람 하갈을 데려다가 그
남편 아브람에게 첩으로 준 때는
아브람이 가나안 땅에 거주한 지
십 년 후였더라

4 아브람이 하갈과 동침하였더니
하갈이 임신하매 그가 자기의 임
신함을 알고 그의 여주인을 멸시
한지라

5 사래가 아브람에게 이르되 내가
받는 모욕은 당신이 받아야 옳도
다 내가 나의 여종을 당신의 품
에 두었거늘 그가 자기의 임신함
을 알고 나를 멸시하니 당신과
나 사이에 여호와께서 판단하시
기를 원하노라

19

20

21

[16장] 하갈과 이스마엘

1

2

3

4

5

창세기

아브라함 이야기 (12:1-25:18)

창16:6-12

6 아브람이 사래에게 이르되 당신
의 여종은 당신의 수중에 있으니
당신의 눈에 좋을 대로 그에게
행하라 하매 사래가 하갈을 학대
하였더니 하갈이 사래 앞에서 도
망하였더라

7 여호와의 사자가 광야의 샘물 곁
곧 술 길 샘 곁에서 그를 만나

8 이르되 사래의 여종 하갈아 네가
어디서 왔으며 어디로 가느냐 그
가 이르되 나는 내 여주인 사래
를 피하여 도망하나이다

9 여호와의 사자가 그에게 이르되
네 여주인에게로 돌아가서 그 수
하에 복종하라

10 여호와의 사자가 또 그에게 이
르되 내가 네 씨를 크게 번성하
여 그 수가 많아 셀 수 없게 하
리라

11 여호와의 사자가 또 그에게 이
르되 네가 임신하였은즉 아들을
낳으리니 그 이름을 이스마엘이
라 하라 이는 여호와께서 네 고
통을 들으셨음이니라

12 그가 사람 중에 들나귀 같이 되
리니 그의 손이 모든 사람을 치
겠고 모든 사람의 손이 그를 칠
지며 그가 모든 형제와 대항해
서 살리라 하니라

6

7

8

9

10

11

12

창16:13-16

13 하갈이 자기에게 이르신 여호와의 이름을 나를 살피시는 하나님이라 하였으니 이는 내가 어떻게 여기서 나를 살피시는 하나님을 뵈었는고 함이라

14 이러므로 그 샘을 브엘라해로이라 불렀으며 그것은 가데스와 베렛 사이에 있더라

15 하갈이 아브람의 아들을 낳으매 아브람이 하갈이 낳은 그 아들을 이름하여 이스마엘이라 하였더라

16 하갈이 아브람에게 이스마엘을 낳았을 때에 아브람이 팔십육 세였더라

창17:1-5

할례: 언약의 표징

1 아브람이 구십구 세 때에 여호와께서 아브람에게 나타나서 그에게 이르시되 나는 전능한 하나님이라 너는 내 앞에서 행하여 완전하라

2 내가 내 언약을 나와 너 사이에 두어 너를 크게 번성하게 하리라 하시니

3 아브람이 엎드렸더니 하나님이 또 그에게 말씀하여 이르시되

4 보라 내 언약이 너와 함께 있으니 너는 여러 민족의 아버지가 될지라

5 이제 후로는 네 이름을 아브람이라 하지 아니하고 아브라함이라 하리니 이는 내가 너를 여러 민족의 아버지가 되게 함이니라

13

14

15

16

[17장] 할례: 언약의 표징

1

2

3

4

5

창세기

창17:6-13

6 내가 너로 심히 번성하게 하리니
내가 네게서 민족들이 나게 하며
왕들이 네게로부터 나오리라

7 내가 내 언약을 나와 너 및 네 대
대 후손 사이에 세워서 영원한
언약을 삼고 너와 네 후손의 하
나님이 되리라

8 내가 너와 네 후손에게 네가 거
류하는 이 땅 곧 가나안 온 땅을
주어 영원한 기업이 되게 하고
나는 그들의 하나님이 되리라

9 하나님이 또 아브라함에게 이르
시되 그런즉 너는 내 언약을 지
키고 네 후손도 대대로 지키라

10 너희 중 남자는 다 할례를 받으
라 이것이 나와 너희와 너희 후
손 사이에 지킬 내 언약이니라

11 너희는 포피를 베어라 이것이
나와 너희 사이의 언약의 표징
이니라

12 너희의 대대로 모든 남자는 집
에서 난 자나 또는 너희 자손이
아니라 이방 사람에게서 돈으로
산 자를 막론하고 난 지 팔 일 만
에 할례를 받을 것이라

13 너희 집에서 난 자든지 너희 돈
으로 산 자든지 할례를 받아야
하리니 이에 내 언약이 너희 살
에 있어 영원한 언약이 되려니와

6

7

8

9

10

11

12

13

창17:14-21

14 할례를 받지 아니한 남자 곧 그
포피를 베지 아니한 자는 백성
중에서 끊어지리니 그가 내 언
약을 배반하였음이니라

15 하나님이 또 아브라함에게 이르
시되 네 아내 사래는 이름을 사
래라 하지 말고 사라라 하라

16 내가 그에게 복을 주어 그가 네
게 아들을 낳아 주게 하며 내가
그에게 복을 주어 그를 여러 민
족의 어머니가 되게 하리니 민족
의 여러 왕이 그에게서 나리라

17 아브라함이 엎드려 웃으며 마음
속으로 이르되 백 세 된 사람이
어찌 자식을 낳을까 사라는 구
십 세니 어찌 출산하리요 하고

18 아브라함이 이에 하나님께 아뢰
되 이스마엘이나 하나님 앞에
살기를 원하나이다

19 하나님이 이르시되 아니라 네
아내 사라가 네게 아들을 낳으
리니 너는 그 이름을 이삭이라
하라 내가 그와 내 언약을 세우
리니 그의 후손에게 영원한 언
약이 되리라

20 이스마엘에 대하여는 내가 네
말을 들었나니 내가 그에게 복
을 주어 그를 매우 크게 생육하
고 번성하게 할지라 그가 열두
두령을 낳으리니 내가 그를 큰
나라가 되게 하려니와

21 내 언약은 내가 내년 이 시기에
사라가 네게 낳을 이삭과 세우
리라

14

15

16

17

18

19

20

21

창세기

창17:22-27

22 하나님이 아브라함과 말씀을 마
치시고 그를 떠나 올라가셨더라

23 이에 아브라함이 하나님이 자기
에게 말씀하신 대로 이 날에 그
아들 이스마엘과 집에서 태어난
모든 자와 돈으로 산 모든 자 곧
아브라함의 집 사람 중 모든 남
자를 데려다가 그 포피를 베었
으니

24 아브라함이 그의 포피를 벨 때
는 구십구 세였고

25 그의 아들 이스마엘이 그의 포
피를 벨 때는 십삼 세였더라

26 그 날에 아브라함과 그 아들 이
스마엘이 할례를 받았고

27 그 집의 모든 남자 곧 집에서 태
어난 자와 돈으로 이방 사람에
게서 사온 자가 다 그와 함께 할
례를 받았더라

창18:1-2

아브라함이 아들을 약속받다

1 여호와께서 마므레의 상수리나
무들이 있는 곳에서 아브라함에
게 나타나시니라 날이 뜨거울 때
에 그가 장막 문에 앉아 있다가

2 눈을 들어 본즉 사람 셋이 맞은
편에 서 있는지라 그가 그들을
보자 곧 장막 문에서 달려나가
영접하며 몸을 땅에 굽혀

22

23

24

25

26

27

[18장] 아브라함이 아들을 약속받다

1

2

년 월 일

창18:3-11

3 이르되 내 주여 내가 주께 은혜
를 입었사오면 원하건대 종을 떠
나 지나가지 마시옵고

4 물을 조금 가져오게 하사 당신들
의 발을 씻으시고 나무 아래에서
쉬소서

5 내가 떡을 조금 가져오리니 당신
들의 마음을 상쾌하게 하신 후에
지나가소서 당신들이 종에게 오
셨음이니이다 그들이 이르되 네
말대로 그리하라

6 아브라함이 급히 장막으로 가서
사라에게 이르되 속히 고운 가루
세 스아를 가져다가 반죽하여 떡
을 만들라 하고

7 아브라함이 또 가축 떼 있는 곳
으로 달려가서 기름지고 좋은 송
아지를 잡아 하인에게 주니 그가
급히 요리한지라

8 아브라함이 엉긴 젖과 우유와 하
인이 요리한 송아지를 가져다가
그들 앞에 차려 놓고 나무 아래
에 모셔 서매 그들이 먹으니라

9 그들이 아브라함에게 이르되 네
아내 사라가 어디 있느냐 대답하
되 장막에 있나이다

10 그가 이르시되 내년 이맘때 내
가 반드시 네게로 돌아오리니
네 아내 사라에게 아들이 있으
리라 하시니 사라가 그 뒤 장막
문에서 들었더라

11 아브라함과 사라는 나이가 많아
늙었고 사라에게는 여성의 생리
가 끊어졌는지라

3

4

5

6

7

8

9

10

11

창세기

창18:12-19

12 사라가 속으로 웃고 이르되 내가
노쇠하였고 내 주인도 늙었으니
내게 무슨 즐거움이 있으리요
13 여호와께서 아브라함에게 이르
시되 사라가 왜 웃으며 이르기
를 내가 늙었거늘 어떻게 아들
을 낳으리요 하느냐
14 여호와께 능하지 못한 일이 있
겠느냐 기한이 이를 때에 내가
네게로 돌아오리니 사라에게 아
들이 있으리라
15 사라가 두려워서 부인하여 이르
되 내가 웃지 아니하였나이다 이
르시되 아니라 네가 웃었느니라

아브라함이 소돔을 위하여 빌다

16 그 사람들이 거기서 일어나서
소돔으로 향하고 아브라함은 그
들을 전송하러 함께 나가니라
17 여호와께서 이르시되 내가 하
려는 것을 아브라함에게 숨기
겠느냐
18 아브라함은 강대한 나라가 되고
천하 만민은 그로 말미암아 복
을 받게 될 것이 아니냐
19 내가 그로 그 자식과 권속에게
명하여 여호와의 도를 지켜 의
와 공도를 행하게 하려고 그를
택하였나니 이는 나 여호와가
아브라함에게 대하여 말한 일을
이루려 함이니라

12

13

14

15

아브라함이 소돔을 위하여 빌다

16

17

18

19

창18:20-28

20 여호와께서 또 이르시되 소돔과
고모라에 대한 부르짖음이 크고
그 죄악이 심히 무거우니
21 내가 이제 내려가서 그 모든 행
한 것이 과연 내게 들린 부르짖
음과 같은지 그렇지 않은지 내
가 보고 알려 하노라
22 그 사람들이 거기서 떠나 소돔
으로 향하여 가고 아브라함은
여호와 앞에 그대로 섰더니
23 아브라함이 가까이 나아가 이르
되 주께서 의인을 악인과 함께
멸하려 하시나이까
24 그 성 중에 의인 오십 명이 있을
지라도 주께서 그 곳을 멸하시
고 그 오십 의인을 위하여 용서
하지 아니하시리이까
25 주께서 이같이 하사 의인을 악
인과 함께 죽이심은 부당하오며
의인과 악인을 같이 하심도 부
당하니이다 세상을 심판하시는
이가 정의를 행하실 것이 아니
니이까
26 여호와께서 이르시되 내가 만일
소돔 성읍 가운데에서 의인 오
십 명을 찾으면 그들을 위하여
온 지역을 용서하리라
27 아브라함이 대답하여 이르되 나
는 티끌이나 재와 같사오나 감
히 주께 아뢰나이다
28 오십 의인 중에 오 명이 부족하
다면 그 오 명이 부족함으로 말
미암아 온 성읍을 멸하시리이까
이르시되 내가 거기서 사십오
명을 찾으면 멸하지 아니하리라

20

21

22

23

24

25

26

27

28

창세기

아브라함 이야기 (12:1-25:18)

창18:29-33

29 아브라함이 또 아뢰어 이르되
거기서 사십 명을 찾으시면 어
찌 하려 하시나이까 이르시되
사십 명으로 말미암아 멸하지
아니하리라

30 아브라함이 이르되 내 주여 노
하지 마시옵고 말씀하게 하옵소
서 거기서 삼십 명을 찾으시면
어찌 하려 하시나이까 이르시되
내가 거기서 삼십 명을 찾으면
그리하지 아니하리라

31 아브라함이 또 이르되 내가 감히
내 주께 아뢰나이다 거기서 이십
명을 찾으시면 어찌 하려 하시나
이까 이르시되 내가 이십 명으로
말미암아 그리하지 아니하리라

32 아브라함이 또 이르되 주는 노
하지 마옵소서 내가 이번만 더
아뢰리이다 거기서 십 명을 찾
으시면 어찌 하려 하시나이까
이르시되 내가 십 명으로 말미
암아 멸하지 아니하리라

33 여호와께서 아브라함과 말씀을
마치시고 가시니 아브라함도 자
기 곳으로 돌아갔더라

창19:1

소돔의 죄악

1 저녁 때에 그 두 천사가 소돔에
이르니 마침 롯이 소돔 성문에
앉아 있다가 그들을 보고 일어나
영접하고 땅에 엎드려 절하며

29

30

31

32

33

[19장] 소돔의 죄악

1

년 월 일

창19:2-9

2 이르되 내 주여 돌이켜 종의 집
으로 들어와 발을 씻고 주무시고
일찍이 일어나 갈 길을 가소서
그들이 이르되 아니라 우리가 거
리에서 밤을 새우리라

3 롯이 간청하매 그제서야 돌이켜
그 집으로 들어오는지라 롯이 그
들을 위하여 식탁을 베풀고 무교
병을 구우니 그들이 먹으니라

4 그들이 눕기 전에 그 성 사람 곧
소돔 백성들이 노소를 막론하고
원근에서 다 모여 그 집을 에워
싸고

5 롯을 부르고 그에게 이르되 오늘
밤에 네게 온 사람들이 어디 있
느냐 이끌어 내라 우리가 그들을
상관하리라

6 롯이 문 밖의 무리에게로 나가서
뒤로 문을 닫고

7 이르되 청하노니 내 형제들아 이
런 악을 행하지 말라

8 내게 남자를 가까이 하지 아니한
두 딸이 있노라 청하건대 내가
그들을 너희에게로 이끌어 내리
니 너희 눈에 좋을 대로 그들에
게 행하고 이 사람들은 내 집에
들어왔은즉 이 사람들에게는 아
무 일도 저지르지 말라

9 그들이 이르되 너는 물러나라 또
이르되 이 자가 들어와서 거류하
면서 우리의 법관이 되려 하는도
다 이제 우리가 그들보다 너를
더 해하리라 하고 롯을 밀치며
가까이 가서 그 문을 부수려고
하는지라

2

3

4

5

6

7

8

9

창세기

■ 아브라함 이야기 (12:1-25:18)

창19:10-16

10 그 사람들이 손을 내밀어 롯을
집으로 끌어들이고 문을 닫고
11 문 밖의 무리를 대소를 막론하
고 그 눈을 어둡게 하니 그들이
문을 찾느라고 헤매었더라

롯이 소돔을 떠나다

12 그 사람들이 롯에게 이르되 이
외에 네게 속한 자가 또 있느냐
네 사위나 자녀나 성 중에 네게
속한 자들을 다 성 밖으로 이끌
어 내라
13 그들에 대한 부르짖음이 여호와
앞에 크므로 여호와께서 이 곳
을 멸하시려고 우리를 보내셨나
니 우리가 멸하리라
14 롯이 나가서 그 딸들과 결혼할
사위들에게 말하여 이르기를 여
호와께서 이 성을 멸하실 터이
니 너희는 일어나 이 곳에서 떠
나라 하되 그의 사위들은 농담
으로 여겼더라
15 동틀 때에 천사가 롯을 재촉하
여 이르되 일어나 여기 있는 네
아내와 두 딸을 이끌어 내라 이
성의 죄악 중에 함께 멸망할까
하노라
16 그러나 롯이 지체하매 그 사람
들이 롯의 손과 그 아내의 손과
두 딸의 손을 잡아 인도하여 성
밖에 두니 여호와께서 그에게
자비를 더하심이었더라

10

11

롯이 소돔을 떠나다

12

13

14

15

16

년 월 일

창19:17-25

17 그 사람들이 그들을 밖으로 이
끌어 낸 후에 이르되 도망하여
생명을 보존하라 돌아보거나 들
에 머물지 말고 산으로 도망하
여 멸망함을 면하라

18 롯이 그들에게 이르되 내 주여
그리 마옵소서

19 주의 종이 주께 은혜를 입었고
주께서 큰 인자를 내게 베푸사
내 생명을 구원하시오나 내가
도망하여 산에까지 갈 수 없나
이다 두렵건대 재앙을 만나 죽
을까 하나이다

20 보소서 저 성읍은 도망하기에
가깝고 작기도 하오니 나를 그
곳으로 도망하게 하소서 이는
작은 성읍이 아니니이까 내 생
명이 보존되리이다

21 그가 그에게 이르되 내가 이 일에
도 네 소원을 들었은즉 네가 말하
는 그 성읍을 멸하지 아니하리니

22 그리로 속히 도망하라 네가 거
기 이르기까지는 내가 아무 일
도 행할 수 없노라 하였더라 그
러므로 그 성읍 이름을 소알이
라 불렀더라

소돔과 고모라를 멸하시다

23 롯이 소알에 들어갈 때에 해가
돋았더라

24 여호와께서 하늘 곧 여호와께로
부터 유황과 불을 소돔과 고모
라에 비같이 내리사

25 그 성들과 온 들과 성에 거주하
는 모든 백성과 땅에 난 것을 다
엎어 멸하셨더라

17

18

19

20

21

22

소돔과 고모라를 멸하시다

23

24

25

창세기

아브라함 이야기 (12:1-25:18)

창19:26-33

26 롯의 아내는 뒤를 돌아보았으므
로 소금 기둥이 되었더라
27 아브라함이 그 아침에 일찍이
일어나 여호와 앞에 서 있던 곳
에 이르러
28 소돔과 고모라와 그 온 지역을 향
하여 눈을 들어 연기가 옹기 가마
의 연기같이 치솟음을 보았더라
29 하나님이 그 지역의 성을 멸하
실 때 곧 롯이 거주하는 성을 엎
으실 때에 하나님이 아브라함을
생각하사 롯을 그 엎으시는 중
에서 내보내셨더라

모압과 암몬 자손의 조상

30 롯이 소알에 거주하기를 두려워
하여 두 딸과 함께 소알에서 나
와 산에 올라가 거주하되 그 두
딸과 함께 굴에 거주하였더니
31 큰 딸이 작은 딸에게 이르되 우
리 아버지는 늙으셨고 온 세상
의 도리를 따라 우리의 배필 될
사람이 이 땅에는 없으니
32 우리가 우리 아버지에게 술을
마시게 하고 동침하여 우리 아
버지로 말미암아 후손을 이어가
자 하고
33 그 밤에 그들이 아버지에게 술을
마시게 하고 큰 딸이 들어가서
그 아버지와 동침하니라 그러나
그 아버지는 그 딸이 눕고 일어
나는 것을 깨닫지 못하였더라

26

27

28

29

모압과 암몬 자손의 조상

30

31

32

33

창19:34-38

34 이튿날 큰 딸이 작은 딸에게 이
르되 어제 밤에는 내가 우리 아
버지와 동침하였으니 오늘 밤에
도 우리가 아버지에게 술을 마
시게 하고 네가 들어가 동침하
고 우리가 아버지로 말미암아
후손을 이어가자 하고

35 그 밤에도 그들이 아버지에게
술을 마시게 하고 작은 딸이 일
어나 아버지와 동침하니라 그러
나 아버지는 그 딸이 눕고 일어
나는 것을 깨닫지 못하였더라

36 롯의 두 딸이 아버지로 말미암
아 임신하고

37 큰 딸은 아들을 낳아 이름을 모
압이라 하였으니 오늘날 모압의
조상이요

38 작은 딸도 아들을 낳아 이름을
벤암미라 하였으니 오늘날 암몬
자손의 조상이었더라

창20:1-3

아브라함과 아비멜렉

1 아브라함이 거기서 네게브 땅으
로 옮겨가 가데스와 술 사이 그
랄에 거류하며

2 그의 아내 사라를 자기 누이라 하
였으므로 그랄 왕 아비멜렉이 사
람을 보내어 사라를 데려갔더니

3 그 밤에 하나님이 아비멜렉에게
현몽하시고 그에게 이르시되 네
가 데려간 이 여인으로 말미암아
네가 죽으리니 그는 남편이 있는
여자임이라

34

35

36

37

38

[20장] 아브라함과 아비멜렉

1

2

3

창세기

아브라함 이야기 (12:1-25:18)

창20:4-9

4 아비멜렉이 그 여인을 가까이 하
지 아니하였으므로 그가 대답하
되 주여 주께서 의로운 백성도
멸하시나이까
5 그가 나에게 이는 내 누이라고
하지 아니하였나이까 그 여인도
그는 내 오라비라 하였사오니 나
는 온전한 마음과 깨끗한 손으로
이렇게 하였나이다
6 하나님이 꿈에 또 그에게 이르시
되 네가 온전한 마음으로 이렇게
한 줄을 나도 알았으므로 너를
막아 내게 범죄하지 아니하게 하
였나니 여인에게 가까이 하지 못
하게 함이 이 때문이니라
7 이제 그 사람의 아내를 돌려보내
라 그는 선지자라 그가 너를 위
하여 기도하리니 네가 살려니와
네가 돌려보내지 아니하면 너와
네게 속한 자가 다 반드시 죽을
줄 알지니라
8 아비멜렉이 그 날 아침에 일찍이
일어나 모든 종들을 불러 그 모
든 일을 말하여 들려 주니 그들
이 심히 두려워하였더라
9 아비멜렉이 아브라함을 불러서
그에게 이르되 네가 어찌하여 우
리에게 이렇게 하느냐 내가 무슨
죄를 네게 범하였기에 네가 나와
내 나라가 큰 죄에 빠질 뻔하게 하
였느냐 네가 합당하지 아니한 일
을 내게 행하였도다 하고

4

5

6

7

8

9

년 월 일

창20:10-18

10 아비멜렉이 또 아브라함에게 이
르되 네가 무슨 뜻으로 이렇게
하였느냐

11 아브라함이 이르되 이 곳에서는
하나님을 두려워함이 없으니 내
아내로 말미암아 사람들이 나를
죽일까 생각하였음이요

12 또 그는 정말로 나의 이복 누이
로서 내 아내가 되었음이니라

13 하나님이 나를 내 아버지의 집
을 떠나 두루 다니게 하실 때에
내가 아내에게 말하기를 이 후
로 우리의 가는 곳마다 그대는
나를 그대의 오라비라 하라 이
것이 그대가 내게 베풀 은혜라
하였었노라

14 아비멜렉이 양과 소와 종들을
이끌어 아브라함에게 주고 그의
아내 사라도 그에게 돌려보내고

15 아브라함에게 이르되 내 땅이
네 앞에 있으니 네가 보기에 좋
은 대로 거주하라 하고

16 사라에게 이르되 내가 은 천 개
를 네 오라비에게 주어서 그것
으로 너와 함께 한 여러 사람 앞
에서 네 수치를 가리게 하였노
니 네 일이 다 해결되었느니라

17 아브라함이 하나님께 기도하매
하나님이 아비멜렉과 그의 아내
와 여종을 치료하사 출산하게
하셨으니

18 여호와께서 이왕에 아브라함의
아내 사라의 일로 아비멜렉의
집의 모든 태를 닫으셨음이더라

10

11

12

13

14

15

16

17

18

창세기

■ 아브라함 이야기 (12:1-25:18)

창21:1-9

사라가 이삭을 낳다

1 여호와께서 말씀하신 대로 사라를 돌보셨고 여호와께서 말씀하신 대로 사라에게 행하셨으므로

2 사라가 임신하고 하나님이 말씀하신 시기가 되어 노년의 아브라함에게 아들을 낳으니

3 아브라함이 그에게 태어난 아들 곧 사라가 자기에게 낳은 아들을 이름하여 이삭이라 하였고

4 그 아들 이삭이 난 지 팔 일 만에 그가 하나님이 명령하신 대로 할례를 행하였더라

5 아브라함이 그의 아들 이삭이 그에게 태어날 때에 백 세라

6 사라가 이르되 하나님이 나를 웃게 하시니 듣는 자가 다 나와 함께 웃으리로다

7 또 이르되 사라가 자식들을 젖먹이겠다고 누가 아브라함에게 말하였으리요마는 아브라함의 노경에 내가 아들을 낳았도다 하니라

하갈과 이스마엘을 내쫓다

8 아이가 자라매 젖을 떼고 이삭이 젖을 떼는 날에 아브라함이 큰 잔치를 베풀었더라

9 사라가 본즉 아브라함의 아들 애굽 여인 하갈의 아들이 이삭을 놀리는지라

[21장] 사라가 이삭을 낳다

1

2

3

4

5

6

7

하갈과 이스마엘을 내쫓다

8

9

창21:10-17

10 그가 아브라함에게 이르되 이 여
종과 그 아들을 내쫓으라 이 종
의 아들은 내 아들 이삭과 함께
기업을 얻지 못하리라 하므로

11 아브라함이 그의 아들로 말미암
아 그 일이 매우 근심이 되었더니

12 하나님이 아브라함에게 이르시
되 네 아이나 네 여종으로 말미
암아 근심하지 말고 사라가 네
게 이른 말을 다 들으라 이삭에
게서 나는 자라야 네 씨라 부를
것임이니라

13 그러나 여종의 아들도 네 씨니
내가 그로 한 민족을 이루게 하
리라 하신지라

14 아브라함이 아침에 일찍이 일어
나 떡과 물 한 가죽부대를 가져
다가 하갈의 어깨에 메워 주고
그 아이를 데리고 가게 하니 하
갈이 나가서 브엘세바 광야에서
방황하더니

15 가죽부대의 물이 떨어진지라 그
자식을 관목덤불 아래에 두고

16 이르되 아이가 죽는 것을 차마
보지 못하겠다 하고 화살 한 바
탕 거리 떨어져 마주 앉아 바라
보며 소리 내어 우니

17 하나님이 그 어린 아이의 소리
를 들으셨으므로 하나님의 사
자가 하늘에서부터 하갈을 불
러 이르시되 하갈아 무슨 일이
냐 두려워하지 말라 하나님이
저기 있는 아이의 소리를 들으
셨나니

10

11

12

13

14

15

16

17

창21:18-24

18 일어나 아이를 일으켜 네 손으
로 붙들라 그가 큰 민족을 이루
게 하리라 하시니라

19 하나님이 하갈의 눈을 밝히셨으
므로 샘물을 보고 가서 가죽부
대에 물을 채워다가 그 아이에
게 마시게 하였더라

20 하나님이 그 아이와 함께 계시
매 그가 장성하여 광야에서 거
주하며 활 쏘는 자가 되었더니

21 그가 바란 광야에 거주할 때에
그의 어머니가 그를 위하여 애굽
땅에서 아내를 얻어 주었더라

아브라함과 아비멜렉의 언약

22 그 때에 아비멜렉과 그 군대
장관 비골이 아브라함에게 말
하여 이르되 네가 무슨 일을
하든지 하나님이 너와 함께 계
시도다

23 그런즉 너는 나와 내 아들과 내
손자에게 거짓되이 행하지 아
니하기를 이제 여기서 하나님
을 가리켜 내게 맹세하라 내가
네게 후대한 대로 너도 나와
네가 머무는 이 땅에 행할 것
이니라

24 아브라함이 이르되 내가 맹세하
리라 하고

18

19

20

21

아브라함과 아비멜렉의 언약

22

23

24

창21:25-34

25 아비멜렉의 종들이 아브라함의
우물을 빼앗은 일에 관하여 아
브라함이 아비멜렉을 책망하매

26 아비멜렉이 이르되 누가 그리하
였는지 내가 알지 못하노라 너
도 내게 알리지 아니하였고 나
도 듣지 못하였더니 오늘에야
들었노라

27 아브라함이 양과 소를 가져다가
아비멜렉에게 주고 두 사람이
서로 언약을 세우니라

28 아브라함이 일곱 암양 새끼를
따로 놓으니

29 아비멜렉이 아브라함에게 이르
되 이 일곱 암양 새끼를 따로 놓
음은 어찜이냐

30 아브라함이 이르되 너는 내 손
에서 이 암양 새끼 일곱을 받아
내가 이 우물 판 증거를 삼으라
하고

31 두 사람이 거기서 서로 맹세하
였으므로 그 곳을 브엘세바라
이름하였더라

32 그들이 브엘세바에서 언약을 세
우매 아비멜렉과 그 군대 장관
비골은 떠나 블레셋 사람의 땅
으로 돌아갔고

33 아브라함은 브엘세바에 에셀
나무를 심고 거기서 영원하신
하나님 여호와의 이름을 불렀
으며

34 그가 블레셋 사람의 땅에서 여
러 날을 지냈더라

창세기

창22:1-7

이삭을 번제로 드리라 하시다

1 그 일 후에 하나님이 아브라함을
시험하시려고 그를 부르시되 아
브라함아 하시니 그가 이르되 내
가 여기 있나이다

2 여호와께서 이르시되 네 아들 네
사랑하는 독자 이삭을 데리고 모리
아 땅으로 가서 내가 네게 일러 준
한 산 거기서 그를 번제로 드리라

3 아브라함이 아침에 일찍이 일어
나 나귀에 안장을 지우고 두 종
과 그의 아들 이삭을 데리고 번
제에 쓸 나무를 쪼개어 가지고
떠나 하나님이 자기에게 일러 주
신 곳으로 가더니

4 제삼일에 아브라함이 눈을 들어
그 곳을 멀리 바라본지라

5 이에 아브라함이 종들에게 이르
되 너희는 나귀와 함께 여기서
기다리라 내가 아이와 함께 저기
가서 예배하고 우리가 너희에게
로 돌아오리라 하고

6 아브라함이 이에 번제 나무를 가
져다가 그의 아들 이삭에게 지우
고 자기는 불과 칼을 손에 들고
두 사람이 동행하더니

7 이삭이 그 아버지 아브라함에게
말하여 이르되 내 아버지여 하니
그가 이르되 내 아들아 내가 여기
있노라 이삭이 이르되 불과 나무
는 있거니와 번제할 어린 양은 어
디 있나이까

아브라함 이야기 (12:1-25:18)

[22장] 이삭을 번제로 드리라 하시다

1

2

3

4

5

6

7

창22:8-15

8 아브라함이 이르되 내 아들아 번
제할 어린 양은 하나님이 자기를
위하여 친히 준비하시리라 하고
두 사람이 함께 나아가서

9 하나님이 그에게 일러 주신 곳에
이른지라 이에 아브라함이 그 곳
에 제단을 쌓고 나무를 벌여 놓
고 그의 아들 이삭을 결박하여
제단 나무 위에 놓고

10 손을 내밀어 칼을 잡고 그 아들
을 잡으려 하니

11 여호와의 사자가 하늘에서부터
그를 불러 이르시되 아브라함아
아브라함아 하시는지라 아브라
함이 이르되 내가 여기 있나이
다 하매

12 사자가 이르시되 그 아이에게
네 손을 대지 말라 그에게 아무
일도 하지 말라 네가 네 아들 네
독자까지도 내게 아끼지 아니하
였으니 내가 이제야 네가 하나
님을 경외하는 줄을 아노라

13 아브라함이 눈을 들어 살펴본
즉 한 숫양이 뒤에 있는데 뿔이
수풀에 걸려 있는지라 아브라
함이 가서 그 숫양을 가져다가
아들을 대신하여 번제로 드렸
더라

14 아브라함이 그 땅 이름을 여호
와 이레라 하였으므로 오늘날까
지 사람들이 이르기를 여호와의
산에서 준비되리라 하더라

15 여호와의 사자가 하늘에서부터
두 번째 아브라함을 불러

8

9

10

11

12

13

14

15

창세기

아브라함 이야기 (12:1-25:18)

창22:16-23

16 이르시되 여호와께서 이르시기
를 내가 나를 가리켜 맹세하노
니 네가 이같이 행하여 네 아들
네 독자도 아끼지 아니하였은즉

17 내가 네게 큰 복을 주고 네 씨가
크게 번성하여 하늘의 별과 같
고 바닷가의 모래와 같게 하리
니 네 씨가 그 대적의 성문을 차
지하리라

18 또 네 씨로 말미암아 천하 만민
이 복을 받으리니 이는 네가 나
의 말을 준행하였음이니라 하셨
다 하니라

19 이에 아브라함이 그의 종들에게
로 돌아가서 함께 떠나 브엘세
바에 이르러 거기 거주하였더라

나홀의 후예

20 이 일 후에 어떤 사람이 아브라
함에게 알리어 이르기를 밀가가
당신의 형제 나홀에게 자녀를
낳았다 하였더라

21 그의 맏아들은 우스요 우스의
형제는 부스와 아람의 아버지
그므엘과

22 게셋과 하소와 빌다스와 이들랍
과 브두엘이라

23 이 여덟 사람은 아브라함의 형
제 나홀의 아내 밀가의 소생이
며 브두엘은 리브가를 낳았고

16

17

18

19

나홀의 후예

20

21

22

23

창22:24

24 나홀의 첩 르우마라 하는 자도 데바와 가함과 다하스와 마아가를 낳았더라

창23:1-8

아브라함이 막벨라 굴을 사다

1 사라가 백이십칠 세를 살았으니 이것이 곧 사라가 누린 햇수라

2 사라가 가나안 땅 헤브론 곧 기럇아르바에서 죽으매 아브라함이 들어가서 사라를 위하여 슬퍼하며 애통하다가

3 그 시신 앞에서 일어나 나가서 헷 족속에게 말하여 이르되

4 나는 당신들 중에 나그네요 거류하는 자이니 당신들 중에서 내게 매장할 소유지를 주어 내가 나의 죽은 자를 내 앞에서 내어다가 장사하게 하시오

5 헷 족속이 아브라함에게 대답하여 이르되

6 내 주여 들으소서 당신은 우리 가운데 있는 하나님이 세우신 지도자이시니 우리 묘실 중에서 좋은 것을 택하여 당신의 죽은 자를 장사하소서 우리 중에서 자기 묘실에 당신의 죽은 자 장사함을 금할 자가 없으리이다

7 아브라함이 일어나 그 땅 주민 헷 족속을 향하여 몸을 굽히고

8 그들에게 말하여 이르되 나로 나의 죽은 자를 내 앞에서 내어다가 장사하게 하는 일이 당신들의 뜻일진대 내 말을 듣고 나를 위하여 소할의 아들 에브론에게 구하여

24

[23장] 아브라함이 막벨라 굴을 사다

1

2

3

4

5

6

7

8

창세기

아브라함 이야기 (12:1-25:18)

창23:9-15

9 그가 그의 밭머리에 있는 그의 막
벨라 굴을 내게 주도록 하되 충분
한 대가를 받고 그 굴을 내게 주
어 당신들 중에서 매장할 소유지
가 되게 하기를 원하노라 하매

10 에브론이 헷 족속 중에 앉아 있
더니 그가 헷 족속 곧 성문에 들
어온 모든 자가 듣는 데서 아브
라함에게 대답하여 이르되

11 내 주여 그리 마시고 내 말을 들
으소서 내가 그 밭을 당신에게
드리고 그 속의 굴도 내가 당신
에게 드리되 내가 내 동족 앞에
서 당신에게 드리오니 당신의
죽은 자를 장사하소서

12 아브라함이 이에 그 땅의 백성
앞에서 몸을 굽히고

13 그 땅의 백성이 듣는 데서 에브
론에게 말하여 이르되 당신이
합당히 여기면 청하건대 내 말
을 들으시오 내가 그 밭 값을 당
신에게 주리니 당신은 내게서
받으시오 내가 나의 죽은 자를
거기 장사하겠노라

14 에브론이 아브라함에게 대답하
여 이르되

15 내 주여 내 말을 들으소서 땅 값
은 은 사백 세겔이나 그것이 나
와 당신 사이에 무슨 문제가 되
리이까 당신의 죽은 자를 장사
하소서

9

10

11

12

13

14

15

창23:16-20

16 아브라함이 에브론의 말을 따라
에브론이 헷 족속이 듣는 데서
말한 대로 상인이 통용하는 은
사백 세겔을 달아 에브론에게
주었더니

17 마므레 앞 막벨라에 있는 에브
론의 밭 곧 그 밭과 거기에 속한
굴과 그 밭과 그 주위에 둘린 모
든 나무가

18 성 문에 들어온 모든 헷 족속이
보는 데서 아브라함의 소유로
확정된지라

19 그 후에 아브라함이 그 아내 사
라를 가나안 땅 마므레 앞 막벨
라 밭 굴에 장사하였더라 (마므
레는 곧 헤브론이라)

20 이와 같이 그 밭과 거기에 속한 굴
이 헷 족속으로부터 아브라함이
매장할 소유지로 확정되었더라

창24:1-3

이삭이 리브가를 아내로 삼다

1 아브라함이 나이가 많아 늙었고
여호와께서 그에게 범사에 복을
주셨더라

2 아브라함이 자기 집 모든 소유를
맡은 늙은 종에게 이르되 청하건
대 내 허벅지 밑에 네 손을 넣으라

3 내가 너에게 하늘의 하나님, 땅의
하나님이신 여호와를 가리켜 맹
세하게 하노니 너는 내가 거주하
는 이 지방 가나안 족속의 딸 중
에서 내 아들을 위하여 아내를
택하지 말고

16

17

18

19

20

[24장] 이삭이 리브가를 아내로 삼다

1

2

3

창세기

아브라함 이야기 (12:1-25:18)

창24:4-10

4 내 고향 내 족속에게로 가서 내 아
들 이삭을 위하여 아내를 택하라

5 종이 이르되 여자가 나를 따라
이 땅으로 오려고 하지 아니하거
든 내가 주인의 아들을 주인이
나오신 땅으로 인도하여 돌아가
리이까

6 아브라함이 그에게 이르되 내 아
들을 그리로 데리고 돌아가지 아
니하도록 하라

7 하늘의 하나님 여호와께서 나를
내 아버지의 집과 내 고향 땅에
서 떠나게 하시고 내게 말씀하시
며 내게 맹세하여 이르시기를 이
땅을 네 씨에게 주리라 하셨으니
그가 그 사자를 너보다 앞서 보
내실지라 네가 거기서 내 아들을
위하여 아내를 택할지니라

8 만일 여자가 너를 따라 오려고 하
지 아니하면 나의 이 맹세가 너와
상관이 없나니 오직 내 아들을 데
리고 그리로 가지 말지니라

9 그 종이 이에 그의 주인 아브라
함의 허벅지 아래에 손을 넣고
이 일에 대하여 그에게 맹세하였
더라

10 이에 종이 그 주인의 낙타 중 열
필을 끌고 떠났는데 곧 그의 주
인의 모든 좋은 것을 가지고 떠
나 메소보다미아로 가서 나홀의
성에 이르러

4

5

6

7

8

9

10

년 월 일

창24:11-18

11 그 낙타를 성 밖 우물 곁에 꿇렸
으니 저녁 때라 여인들이 물을
길으러 나올 때였더라

12 그가 이르되 우리 주인 아브라
함의 하나님 여호와여 원하건대
오늘 나에게 순조롭게 만나게
하사 내 주인 아브라함에게 은
혜를 베푸시옵소서

13 성 중 사람의 딸들이 물 길으러
나오겠사오니 내가 우물 곁에
서 있다가

14 한 소녀에게 이르기를 청하건대
너는 물동이를 기울여 나로 마
시게 하라 하리니 그의 대답이
마시라 내가 당신의 낙타에게도
마시게 하리라 하면 그는 주께
서 주의 종 이삭을 위하여 정하
신 자라 이로 말미암아 주께서
내 주인에게 은혜 베푸심을 내
가 알겠나이다

15 말을 마치기도 전에 리브가가
물동이를 어깨에 메고 나오니
그는 아브라함의 동생 나홀의
아내 밀가의 아들 브두엘의 소
생이라

16 그 소녀는 보기에 심히 아리땁
고 지금까지 남자가 가까이 하
지 아니한 처녀더라 그가 우물
로 내려가서 물을 그 물동이에
채워가지고 올라오는지라

17 종이 마주 달려가서 이르되 청
하건대 네 물동이의 물을 내게
조금 마시게 하라

18 그가 이르되 내 주여 마시소서
하며 급히 그 물동이를 손에 내
려 마시게 하고

11

12

13

14

15

16

17

18

창세기

아브라함 이야기 (12:1-25:18)

창24:19-27

19 마시게 하기를 다하고 이르되
당신의 낙타를 위하여서도 물을
길어 그것들도 배불리 마시게
하리이다 하고

20 급히 물동이의 물을 구유에 붓고
다시 길으려고 우물로 달려가서
모든 낙타를 위하여 긷는지라

21 그 사람이 그를 묵묵히 주목하
며 여호와께서 과연 평탄한 길
을 주신 여부를 알고자 하더니

22 낙타가 마시기를 다하매 그가
반 세겔 무게의 금 코걸이 한 개
와 열 세겔 무게의 금 손목고리
한 쌍을 그에게 주며

23 이르되 네가 누구의 딸이냐 청하
건대 내게 말하라 네 아버지의
집에 우리가 유숙할 곳이 있느냐

24 그 여자가 그에게 이르되 나는
밀가가 나홀에게서 낳은 아들
브두엘의 딸이니이다

25 또 이르되 우리에게 짚과 사료가
족하며 유숙할 곳도 있나이다

26 이에 그 사람이 머리를 숙여 여
호와께 경배하고

27 이르되 나의 주인 아브라함의 하
나님 여호와를 찬송하나이다 나
의 주인에게 주의 사랑과 성실
을 그치지 아니하셨사오며 여호
와께서 길에서 나를 인도하사 내
주인의 동생 집에 이르게 하셨나
이다 하니라

19

20

21

22

23

24

25

26

27

창24:28-36

28 소녀가 달려가서 이 일을 어머
니 집에 알렸더니

29 리브가에게 오라버니가 있어 그
의 이름은 라반이라 그가 우물
로 달려가 그 사람에게 이르러

30 그의 누이의 코걸이와 그 손의
손목고리를 보고 또 그의 누이
리브가가 그 사람이 자기에게 이
같이 말하더라 함을 듣고 그 사
람에게로 나아감이라 그 때에 그
가 우물가 낙타 곁에 서 있더라

31 라반이 이르되 여호와께 복을
받은 자여 들어오소서 어찌 밖
에 서 있나이까 내가 방과 낙타
의 처소를 준비하였나이다

32 그 사람이 그 집으로 들어가매
라반이 낙타의 짐을 부리고 짚
과 사료를 낙타에게 주고 그 사
람의 발과 그의 동행자들의 발
씻을 물을 주고

33 그 앞에 음식을 베푸니 그 사람
이 이르되 내가 내 일을 진술하
기 전에는 먹지 아니하겠나이다
라반이 이르되 말하소서

34 그가 이르되 나는 아브라함의
종이니이다

35 여호와께서 나의 주인에게 크게
복을 주시어 창성하게 하시되
소와 양과 은금과 종들과 낙타
와 나귀를 그에게 주셨고

36 나의 주인의 아내 사라가 노년
에 나의 주인에게 아들을 낳으
매 주인이 그의 모든 소유를 그
아들에게 주었나이다

28

29

30

31

32

33

34

35

36

아브라함 이야기 (12:1-25:18)

창24:37-43

37 나의 주인이 나에게 맹세하게 하여 이르되 너는 내 아들을 위하여 내가 사는 땅 가나안 족속의 딸들 중에서 아내를 택하지 말고

38 내 아버지의 집, 내 족속에게로 가서 내 아들을 위하여 아내를 택하라 하시기로

39 내가 내 주인에게 여쭈되 혹 여자가 나를 따르지 아니하면 어찌하리이까 한즉

40 주인이 내게 이르되 내가 섬기는 여호와께서 그의 사자를 너와 함께 보내어 네게 평탄한 길을 주시리니 너는 내 족속 중 내 아버지 집에서 내 아들을 위하여 아내를 택할 것이니라

41 네가 내 족속에게 이를 때에는 네가 내 맹세와 상관이 없으리라 만일 그들이 네게 주지 아니할지라도 네가 내 맹세와 상관이 없으리라 하시기로

42 내가 오늘 우물에 이르러 말하기를 내 주인 아브라함의 하나님 여호와여 만일 내가 행하는 길에 형통함을 주실진대

43 내가 이 우물 곁에 서 있다가 젊은 여자가 물을 길으러 오거든 내가 그에게 청하기를 너는 물동이의 물을 내게 조금 마시게 하라 하여

37

38

39

40

41

42

43

년 월 일

창24:44-49

44 그의 대답이 당신은 마시라 내
가 또 당신의 낙타를 위하여도
길으리라 하면 그 여자는 여호
와께서 내 주인의 아들을 위하
여 정하여 주신 자가 되리이다
하며

45 내가 마음속으로 말하기를 마치
기도 전에 리브가가 물동이를
어깨에 메고 나와서 우물로 내
려와 긷기로 내가 그에게 이르
기를 청하건대 내게 마시게 하
라 한즉

46 그가 급히 물동이를 어깨에서
내리며 이르되 마시라 내가 당
신의 낙타에게도 마시게 하리라
하기로 내가 마시매 그가 또 낙
타에게도 마시게 한지라

47 내가 그에게 묻기를 네가 뉘
딸이냐 한즉 이르되 밀가가 나
홀에게서 낳은 브두엘의 딸이
라 하기로 내가 코걸이를 그
코에 꿰고 손목고리를 그 손에
끼우고

48 내 주인 아브라함의 하나님 여
호와께서 나를 바른 길로 인도
하사 나의 주인의 동생의 딸을
그의 아들을 위하여 택하게 하
셨으므로 내가 머리를 숙여 그
에게 경배하고 찬송하였나이다

49 이제 당신들이 인자함과 진실함
으로 내 주인을 대접하려거든
내게 알게 해 주시고 그렇지 아
니할지라도 내게 알게 해 주셔
서 내가 우로든지 좌로든지 행
하게 하소서

44

45

46

47

48

49

창세기

창24:50-57

50 라반과 브두엘이 대답하여 이르
되 이 일이 여호와께로 말미암
았으니 우리는 가부를 말할 수
없노라
51 리브가가 당신 앞에 있으니 데
리고 가서 여호와의 명령대로
그를 당신의 주인의 아들의 아
내가 되게 하라
52 아브라함의 종이 그들의 말을
듣고 땅에 엎드려 여호와께 절
하고
53 은금 패물과 의복을 꺼내어 리
브가에게 주고 그의 오라버니와
어머니에게도 보물을 주니라
54 이에 그들 곧 종과 동행자들이
먹고 마시고 유숙하고 아침에 일
어나서 그가 이르되 나를 보내어
내 주인에게로 돌아가게 하소서
55 리브가의 오라버니와 그의 어머
니가 이르되 이 아이로 하여금 며
칠 또는 열흘을 우리와 함께 머물
게 하라 그 후에 그가 갈 것이니라
56 그 사람이 그들에게 이르되 나
를 만류하지 마소서 여호와께서
내게 형통한 길을 주셨으니 나
를 보내어 내 주인에게로 돌아
가게 하소서
57 그들이 이르되 우리가 소녀를
불러 그에게 물으리라 하고

50

51

52

53

54

55

56

57

창24:58-67

58 리브가를 불러 그에게 이르되
네가 이 사람과 함께 가려느냐
그가 대답하되 가겠나이다

59 그들이 그 누이 리브가와 그의
유모와 아브라함의 종과 그 동
행자들을 보내며

60 리브가에게 축복하여 이르되 우
리 누이여 너는 천만인의 어머
니가 될지어다 네 씨로 그 원수
의 성 문을 얻게 할지어다

61 리브가가 일어나 여자 종들과
함께 낙타를 타고 그 사람을 따
라가니 그 종이 리브가를 데리
고 가니라

62 그 때에 이삭이 브엘라해로이에
서 왔으니 그가 네게브 지역에
거주하였음이라

63 이삭이 저물 때에 들에 나가 묵
상하다가 눈을 들어 보매 낙타
들이 오는지라

64 리브가가 눈을 들어 이삭을 바
라보고 낙타에서 내려

65 종에게 말하되 들에서 배회하다
가 우리에게로 마주 오는 자가
누구냐 종이 이르되 이는 내 주
인이니이다 리브가가 너울을 가
지고 자기의 얼굴을 가리더라

66 종이 그 행한 일을 다 이삭에게
아뢰매

67 이삭이 리브가를 인도하여 그의
어머니 사라의 장막으로 들이고
그를 맞이하여 아내로 삼고 사랑
하였으니 이삭이 그의 어머니를
장례한 후에 위로를 얻었더라

58

59

60

61

62

63

64

65

66

67

창세기

창25:1-10

아브라함이 죽다

1 아브라함이 후처를 맞이하였으
니 그의 이름은 그두라라

2 그가 시므란과 욕산과 므단과 미
디안과 이스박과 수아를 낳고

3 욕산은 스바와 드단을 낳았으며
드단의 자손은 앗수르 족속과 르
두시 족속과 르움미 족속이며

4 미디안의 아들은 에바와 에벨과
하녹과 아비다와 엘다아이니 다
그두라의 자손이었더라

5 아브라함이 이삭에게 자기의 모
든 소유를 주었고

6 자기 서자들에게도 재산을 주어
자기 생전에 그들로 하여금 자기
아들 이삭을 떠나 동방 곧 동쪽
땅으로 가게 하였더라

7 아브라함의 향년이 백칠십오 세라

8 그의 나이가 높고 늙어서 기운이
다하여 죽어 자기 열조에게로 돌
아가매

9 그의 아들들인 이삭과 이스마엘
이 그를 마므레 앞 헷 족속 소할
의 아들 에브론의 밭에 있는 막
벨라 굴에 장사하였으니

10 이것은 아브라함이 헷 족속에게
서 산 밭이라 아브라함과 그의
아내 사라가 거기 장사되니라

[25장] 아브라함이 죽다

1

2

3

4

5

6

7

8

9

10

창25:11-19

11 아브라함이 죽은 후에 하나님이
그의 아들 이삭에게 복을 주셨
고 이삭은 브엘라해로이 근처에
거주하였더라

이스마엘의 후예

12 사라의 여종 애굽인 하갈이 아
브라함에게 낳은 아들 이스마엘
의 족보는 이러하고

13 이스마엘의 아들들의 이름은 그
이름과 그 세대대로 이와 같으
니라 이스마엘의 장자는 느바욧
이요 그 다음은 게달과 앗브엘
과 밉삼과

14 미스마와 두마와 맛사와

15 하닷과 데마와 여둘과 나비스와
게드마니

16 이들은 이스마엘의 아들들이요
그 촌과 부락대로 된 이름이며
그 족속대로는 열두 지도자들이
었더라

17 이스마엘은 향년이 백삼십칠 세
에 기운이 다하여 죽어 자기 백
성에게로 돌아갔고

18 그 자손들은 하윌라에서부터 앗
수르로 통하는 애굽 앞 술까지
이르러 그 모든 형제의 맞은편
에 거주하였더라

에서와 야곱이 태어나다

19 아브라함의 아들 이삭의 족보는
이러하니라 아브라함이 이삭을
낳았고

년 월 일

11

이스마엘의 후예

12

13

14

15

16

17

18

에서와 야곱이 태어나다

19

창세기

이삭 이야기 (25:19-26:35)

창25:20-26

20 이삭은 사십 세에 리브가를 맞
이하여 아내를 삼았으니 리브가
는 밧단 아람의 아람 족속 중 브
두엘의 딸이요 아람 족속 중 라
반의 누이였더라

21 이삭이 그의 아내가 임신하지
못하므로 그를 위하여 여호와께
간구하매 여호와께서 그의 간구
를 들으셨으므로 그의 아내 리
브가가 임신하였더니

22 그 아들들이 그의 태 속에서 서
로 싸우는지라 그가 이르되 이
럴 경우에는 내가 어찌할꼬 하
고 가서 여호와께 묻자온대

23 여호와께서 그에게 이르시되 두
국민이 네 태중에 있구나 두 민
족이 네 복중에서부터 나누이리
라 이 족속이 저 족속보다 강하
겠고 큰 자가 어린 자를 섬기리
라 하셨더라

24 그 해산 기한이 찬즉 태에 쌍둥
이가 있었는데

25 먼저 나온 자는 붉고 전신이 털
옷 같아서 이름을 에서라 하였고

26 후에 나온 아우는 손으로 에서
의 발꿈치를 잡았으므로 그 이
름을 야곱이라 하였으며 리브가
가 그들을 낳을 때에 이삭이 육
십 세였더라

20

21

22

23

24

25

26

년 월 일

창25:27-34

에서가 장자의 명분을 팔다

27 그 아이들이 장성하매 에서는 익숙한 사냥꾼이었으므로 들사람이 되고 야곱은 조용한 사람이었으므로 장막에 거주하니

28 이삭은 에서가 사냥한 고기를 좋아하므로 그를 사랑하고 리브가는 야곱을 사랑하였더라

29 야곱이 죽을 쑤었더니 에서가 들에서 돌아와서 심히 피곤하여

30 야곱에게 이르되 내가 피곤하니 그 붉은 것을 내가 먹게 하라 한지라 그러므로 에서의 별명은 에돔이더라

31 야곱이 이르되 형의 장자의 명분을 오늘 내게 팔라

32 에서가 이르되 내가 죽게 되었으니 이 장자의 명분이 내게 무엇이 유익하리요

33 야곱이 이르되 오늘 내게 맹세하라 에서가 맹세하고 장자의 명분을 야곱에게 판지라

34 야곱이 떡과 팥죽을 에서에게 주매 에서가 먹으며 마시고 일어나 갔으니 에서가 장자의 명분을 가볍게 여김이었더라

창26:1

이삭이 그랄에 거주하다

1 아브라함 때에 첫 흉년이 들었더니 그 땅에 또 흉년이 들매 이삭이 그랄로 가서 블레셋 왕 아비멜렉에게 이르렀더니

에서가 장자의 명분을 팔다

27

28

29

30

31

32

33

34

[26장] 이삭이 그랄에 거주하다

1

창세기

이삭 이야기 (25:19-26:35)

창26:2-8

2 여호와께서 이삭에게 나타나 이
르시되 애굽으로 내려가지 말고
내가 네게 지시하는 땅에 거주
하라

3 이 땅에 거류하면 내가 너와 함
께 있어 네게 복을 주고 내가 이
모든 땅을 너와 네 자손에게 주
리라 내가 네 아버지 아브라함에
게 맹세한 것을 이루어

4 네 자손을 하늘의 별과 같이 번
성하게 하며 이 모든 땅을 네 자
손에게 주리니 네 자손으로 말
미암아 천하 만민이 복을 받으
리라

5 이는 아브라함이 내 말을 순종하
고 내 명령과 내 계명과 내 율례와
내 법도를 지켰음이라 하시니라

6 이삭이 그랄에 거주하였더니

7 그 곳 사람들이 그의 아내에 대
하여 물으매 그가 말하기를 그는
내 누이라 하였으니 리브가는 보
기에 아리따우므로 그 곳 백성이
리브가로 말미암아 자기를 죽일
까 하여 그는 내 아내라 하기를
두려워함이었더라

8 이삭이 거기 오래 거주하였더니
이삭이 그 아내 리브가를 껴안은
것을 블레셋 왕 아비멜렉이 창으
로 내다본지라

2

3

4

5

6

7

8

창26:9-17

9 이에 아비멜렉이 이삭을 불러 이
르되 그가 분명히 네 아내거늘
어찌 네 누이라 하였느냐 이삭이
그에게 대답하되 내 생각에 그로
말미암아 내가 죽게 될까 두려워
하였음이로라

10 아비멜렉이 이르되 네가 어찌
우리에게 이렇게 행하였느냐 백
성 중 하나가 네 아내와 동침할
뻔하였도다 네가 죄를 우리에게
입혔으리라

11 아비멜렉이 이에 모든 백성에게
명하여 이르되 이 사람이나 그
의 아내를 범하는 자는 죽이리
라 하였더라

12 이삭이 그 땅에서 농사하여 그
해에 백 배나 얻었고 여호와께
서 복을 주시므로

13 그 사람이 창대하고 왕성하여
마침내 거부가 되어

14 양과 소가 떼를 이루고 종이 심
히 많으므로 블레셋 사람이 그
를 시기하여

15 그 아버지 아브라함 때에 그 아
버지의 종들이 판 모든 우물을
막고 흙으로 메웠더라

16 아비멜렉이 이삭에게 이르되 네
가 우리보다 크게 강성한즉 우
리를 떠나라

17 이삭이 그 곳을 떠나 그랄 골
짜기에 장막을 치고 거기 거류
하며

9

10

11

12

13

14

15

16

17

창세기

▪ 이삭 이야기 (25:19-26:35)

창26:18-24

18 그 아버지 아브라함 때에 팠던
우물들을 다시 팠으니 이는 아브
라함이 죽은 후에 블레셋 사람이
그 우물들을 메웠음이라 이삭이
그 우물들의 이름을 그의 아버지
가 부르던 이름으로 불렀더라

19 이삭의 종들이 골짜기를 파서
샘 근원을 얻었더니

20 그랄 목자들이 이삭의 목자와
다투어 이르되 이 물은 우리의
것이라 하매 이삭이 그 다툼으
로 말미암아 그 우물 이름을 에
섹이라 하였으며

21 또 다른 우물을 팠더니 그들이
또 다투므로 그 이름을 싯나라
하였으며

22 이삭이 거기서 옮겨 다른 우물
을 팠더니 그들이 다투지 아니
하였으므로 그 이름을 르호봇이
라 하여 이르되 이제는 여호와
께서 우리를 위하여 넓게 하셨
으니 이 땅에서 우리가 번성하
리로다 하였더라

23 이삭이 거기서부터 브엘세바로
올라갔더니

24 그 밤에 여호와께서 그에게 나
타나 이르시되 나는 네 아버지
아브라함의 하나님이니 두려워
하지 말라 내 종 아브라함을 위
하여 내가 너와 함께 있어 네게
복을 주어 네 자손이 번성하게
하리라 하신지라

18

19

20

21

22

23

24

창26:25-33

25 이삭이 그 곳에 제단을 쌓고, 여
호와의 이름을 부르며 거기 장
막을 쳤더니 이삭의 종들이 거
기서도 우물을 팠더라

이삭과 아비멜렉의 계약

26 아비멜렉이 그 친구 아훗삿과
군대 장관 비골과 더불어 그랄
에서부터 이삭에게로 온지라

27 이삭이 그들에게 이르되 너희가
나를 미워하여 나에게 너희를
떠나게 하였거늘 어찌하여 내게
왔느냐

28 그들이 이르되 여호와께서 너와
함께 계심을 우리가 분명히 보
았으므로 우리의 사이 곧 우리
와 너 사이에 맹세하여 너와 계
약을 맺으리라 말하였노라

29 너는 우리를 해하지 말라 이는
우리가 너를 범하지 아니하고 선
한 일만 네게 행하여 네가 평안
히 가게 하였음이니라 이제 너는
여호와께 복을 받은 자니라

30 이삭이 그들을 위하여 잔치를
베풀매 그들이 먹고 마시고

31 아침에 일찍이 일어나 서로 맹
세한 후에 이삭이 그들을 보내
매 그들이 평안히 갔더라

32 그 날에 이삭의 종들이 자기들
이 판 우물에 대하여 이삭에게
와서 알리어 이르되 우리가 물
을 얻었나이다 하매

33 그가 그 이름을 세바라 한지라
그러므로 그 성읍 이름이 오늘
까지 브엘세바더라

25

이삭과 아비멜렉의 계약

26

27

28

29

30

31

32

33

창26:34-35

에서의 이방인 아내들

34 에서가 사십 세에 헷 족속 브에리
의 딸 유딧과 헷 족속 엘론의 딸
바스맛을 아내로 맞이하였더니

35 그들이 이삭과 리브가의 마음에
근심이 되었더라

창27:1-6

이삭이 야곱에게 축복하다

1 이삭이 나이가 많아 눈이 어두워
잘 보지 못하더니 맏아들 에서를
불러 이르되 내 아들아 하매 그가
이르되 내가 여기 있나이다 하니

2 이삭이 이르되 내가 이제 늙어
어느 날 죽을는지 알지 못하니

3 그런즉 네 기구 곧 화살통과 활
을 가지고 들에 가서 나를 위하
여 사냥하여

4 내가 즐기는 별미를 만들어 내게
로 가져와서 먹게 하여 내가 죽
기 전에 내 마음껏 네게 축복하
게 하라

5 이삭이 그의 아들 에서에게 말할
때에 리브가가 들었더니 에서가
사냥하여 오려고 들로 나가매

6 리브가가 그의 아들 야곱에게 말
하여 이르되 네 아버지가 네 형
에서에게 말씀하시는 것을 내가
들으니 이르시기를

에서의 이방인 아내들

34

35

[27장] 이삭이 야곱에게 축복하다

1

2

3

4

5

6

창27:7-15

7 나를 위하여 사냥하여 가져다가
별미를 만들어 내가 먹게 하여
죽기 전에 여호와 앞에서 네게
축복하게 하라 하셨으니

8 그런즉 내 아들아 내 말을 따라
내가 네게 명하는 대로

9 염소 떼에 가서 거기서 좋은 염
소 새끼 두 마리를 내게로 가져
오면 내가 그것으로 네 아버지를
위하여 그가 즐기시는 별미를 만
들리니

10 네가 그것을 네 아버지께 가져
다 드려서 그가 죽기 전에 네게
축복하기 위하여 잡수시게 하라

11 야곱이 그 어머니 리브가에게
이르되 내 형 에서는 털이 많은
사람이요 나는 매끈매끈한 사람
인즉

12 아버지께서 나를 만지실진대 내
가 아버지의 눈에 속이는 자로
보일지라 복은 고사하고 저주를
받을까 하나이다

13 어머니가 그에게 이르되 내 아
들아 너의 저주는 내게로 돌리
리니 내 말만 따르고 가서 가져
오라

14 그가 가서 끌어다가 어머니에게
로 가져왔더니 그의 어머니가
그의 아버지가 즐기는 별미를
만들었더라

15 리브가가 집 안 자기에게 있는
그의 맏아들 에서의 좋은 의복
을 가져다가 그의 작은 아들 야
곱에게 입히고

7

8

9

10

11

12

13

14

15

창세기

■ 야곱 이야기 (27:1-36:43)

창27:16-23

16 또 염소 새끼의 가죽을 그의 손
과 목의 매끈매끈한 곳에 입히고

17 자기가 만든 별미와 떡을 자기
아들 야곱의 손에 주니

18 야곱이 아버지에게 나아가서 내
아버지여 하고 부르니 이르되
내가 여기 있노라 내 아들아 네
가 누구냐

19 야곱이 아버지에게 대답하되 나
는 아버지의 맏아들 에서로소이
다 아버지께서 내게 명하신 대
로 내가 하였사오니 원하건대
일어나 앉아서 내가 사냥한 고
기를 잡수시고 아버지 마음껏
내게 축복하소서

20 이삭이 그의 아들에게 이르되 내
아들아 네가 어떻게 이같이 속히
잡았느냐 그가 이르되 아버지의
하나님 여호와께서 나로 순조롭
게 만나게 하셨음이니이다

21 이삭이 야곱에게 이르되 내 아
들아 가까이 오라 네가 과연 내
아들 에서인지 아닌지 내가 너
를 만져보려 하노라

22 야곱이 그 아버지 이삭에게 가
까이 가니 이삭이 만지며 이르
되 음성은 야곱의 음성이나 손
은 에서의 손이로다 하며

23 그의 손이 형 에서의 손과 같이
털이 있으므로 분별하지 못하고
축복하였더라

16

17

18

19

20

21

22

23

년 월 일

창27:24-31

24 이삭이 이르되 네가 참 내 아들
에서냐 그가 대답하되 그러하니
이다

25 이삭이 이르되 내게로 가져오
라 내 아들이 사냥한 고기를 먹
고 내 마음껏 네게 축복하리라
야곱이 그에게로 가져가매 그가
먹고 또 포도주를 가져가매 그
가 마시고

26 그의 아버지 이삭이 그에게 이
르되 내 아들아 가까이 와서 내
게 입맞추라

27 그가 가까이 가서 그에게 입맞
추니 아버지가 그의 옷의 향취
를 맡고 그에게 축복하여 이르
되 내 아들의 향취는 여호와께
서 복 주신 밭의 향취로다

28 하나님은 하늘의 이슬과 땅의
기름짐이며 풍성한 곡식과 포도
주를 네게 주시기를 원하노라

29 만민이 너를 섬기고 열국이 네게
굴복하리니 네가 형제들의 주가
되고 네 어머니의 아들들이 네게
굴복하며 너를 저주하는 자는 저
주를 받고 너를 축복하는 자는
복을 받기를 원하노라

30 이삭이 야곱에게 축복하기를 마
치매 야곱이 그의 아버지 이삭
앞에서 나가자 곧 그의 형 에서
가 사냥하여 돌아온지라

31 그가 별미를 만들어 아버지에게
로 가지고 가서 이르되 아버지
여 일어나서 아들이 사냥한 고
기를 잡수시고 마음껏 내게 축
복하소서

24

25

26

27

28

29

30

31

창세기

야곱 이야기 (27:1-36:43)

창27:32-37

32 그의 아버지 이삭이 그에게 이
르되 너는 누구냐 그가 대답하
되 나는 아버지의 아들 곧 아버
지의 맏아들 에서로소이다
33 이삭이 심히 크게 떨며 이르되
그러면 사냥한 고기를 내게 가
져온 자가 누구냐 네가 오기 전
에 내가 다 먹고 그를 위하여 축
복하였은즉 그가 반드시 복을
받을 것이니라
34 에서가 그의 아버지의 말을 듣
고 소리 질러 슬피 울며 아버지
에게 이르되 내 아버지여 내게
축복하소서 내게도 그리하소서
35 이삭이 이르되 네 아우가 와서
속여 네 복을 빼앗았도다
36 에서가 이르되 그의 이름을 야
곱이라 함이 합당하지 아니하니
이까 그가 나를 속임이 이것이
두 번째니이다 전에는 나의 장
자의 명분을 빼앗고 이제는 내
복을 빼앗았나이다 또 이르되
아버지께서 나를 위하여 빌 복
을 남기지 아니하셨나이까
37 이삭이 에서에게 대답하여 이르
되 내가 그를 너의 주로 세우고
그의 모든 형제를 내가 그에게
종으로 주었으며 곡식과 포도주
를 그에게 주었으니 내 아들아
내가 네게 무엇을 할 수 있으랴

32

33

34

35

36

37

창27:38-45

38 에서가 아버지에게 이르되 내
아버지여 아버지가 빌 복이 이
하나 뿐이리이까 내 아버지여
내게 축복하소서 내게도 그리하
소서 하고 소리를 높여 우니

39 그 아버지 이삭이 그에게 대답
하여 이르되 네 주소는 땅의 기
름짐에서 멀고 내리는 하늘 이
슬에서 멀 것이며

40 너는 칼을 믿고 생활하겠고 네
아우를 섬길 것이며 네가 매임
을 벗을 때에는 그 멍에를 네 목
에서 떨쳐버리리라 하였더라

41 그의 아버지가 야곱에게 축복한
그 축복으로 말미암아 에서가
야곱을 미워하여 심중에 이르기
를 아버지를 곡할 때가 가까웠
은즉 내가 내 아우 야곱을 죽이
리라 하였더니

42 맏아들 에서의 이 말이 리브가
에게 들리매 이에 사람을 보내
어 작은 아들 야곱을 불러 그에
게 이르되 네 형 에서가 너를 죽
여 그 한을 풀려 하니

43 내 아들아 내 말을 따라 일어나
하란으로 가서 내 오라버니 라
반에게로 피신하여

44 네 형의 노가 풀리기까지 몇 날
동안 그와 함께 거주하라

45 네 형의 분노가 풀려 네가 자기
에게 행한 것을 잊어버리거든
내가 곧 사람을 보내어 너를 거
기서 불러오리라 어찌 하루에
너희 둘을 잃으랴

38

39

40

41

42

43

44

45

창세기

야곱 이야기 (27:1-36:43)

창27:46

이삭이 야곱을 라반에게 보내다

46 리브가가 이삭에게 이르되 내가 헷 사람의 딸들로 말미암아 내 삶이 싫어졌거늘 야곱이 만일 이 땅의 딸들 곧 그들과 같은 헷 사람의 딸들 중에서 아내를 맞이하면 내 삶이 내게 무슨 재미가 있으리이까

창28:1-5

1 이삭이 야곱을 불러 그에게 축복하고 또 당부하여 이르되 너는 가나안 사람의 딸들 중에서 아내를 맞이하지 말고

2 일어나 밧단아람으로 가서 네 외조부 브두엘의 집에 이르러 거기서 네 외삼촌 라반의 딸 중에서 아내를 맞이하라

3 전능하신 하나님이 네게 복을 주시어 네가 생육하고 번성하게 하여 네가 여러 족속을 이루게 하시고

4 아브라함에게 허락하신 복을 네게 주시되 너와 너와 함께 네 자손에게도 주사 하나님이 아브라함에게 주신 땅 곧 네가 거류하는 땅을 네가 차지하게 하시기를 원하노라

5 이에 이삭이 야곱을 보내매 그가 밧단아람으로 가서 라반에게 이르렀으니 라반은 아람 사람 브두엘의 아들이요 야곱과 에서의 어머니 리브가의 오라비더라

이삭이 야곱을 라반에게 보내다

46

[28장]

1

2

3

4

5

창28:6-13

에서가 다른 아내를 맞이하다

6 에서가 본즉 이삭이 야곱에게 축복하고 그를 밧단아람으로 보내어 거기서 아내를 맞이하게 하였고 또 그에게 축복하고 명하기를 너는 가나안 사람의 딸들 중에서 아내를 맞이하지 말라 하였고

7 또 야곱이 부모의 명을 따라 밧단아람으로 갔으며

8 에서가 또 본즉 가나안 사람의 딸들이 그의 아버지 이삭을 기쁘게 하지 못하는지라

9 이에 에서가 이스마엘에게 가서 그 본처들 외에 아브라함의 아들 이스마엘의 딸이요 느바욧의 누이인 마할랏을 아내로 맞이하였더라

야곱이 벧엘에서 꿈을 꾸다

10 야곱이 브엘세바에서 떠나 하란으로 향하여 가더니

11 한 곳에 이르러는 해가 진지라 거기서 유숙하려고 그 곳의 한 돌을 가져다가 베개로 삼고 거기 누워 자더니

12 꿈에 본즉 사닥다리가 땅 위에 서 있는데 그 꼭대기가 하늘에 닿았고 또 본즉 하나님의 사자들이 그 위에서 오르락내리락 하고

13 또 본즉 여호와께서 그 위에 서서 이르시되 나는 여호와니 너의 조부 아브라함의 하나님이요 이삭의 하나님이라 네가 누워 있는 땅을 내가 너와 네 자손에게 주리니

에서가 다른 아내를 맞이하다

야곱이 벧엘에서 꿈을 꾸다

창세기

야곱 이야기 (27:1-36:43)

창28:14-21

14 네 자손이 땅의 티끌 같이 되어
네가 서쪽과 동쪽과 북쪽과 남
쪽으로 퍼져나갈지며 땅의 모든
족속이 너와 네 자손으로 말미
암아 복을 받으리라

15 내가 너와 함께 있어 네가 어디
로 가든지 너를 지키며 너를 이
끌어 이 땅으로 돌아오게 할지
라 내가 네게 허락한 것을 다 이
루기까지 너를 떠나지 아니하리
라 하신지라

16 야곱이 잠이 깨어 이르되 여호
와께서 과연 여기 계시거늘 내
가 알지 못하였도다

17 이에 두려워하여 이르되 두렵도
다 이 곳이여 이것은 다름 아닌
하나님의 집이요 이는 하늘의
문이로다 하고

18 야곱이 아침에 일찍이 일어나 베
개로 삼았던 돌을 가져다가 기둥
으로 세우고 그 위에 기름을 붓고

19 그 곳 이름을 벧엘이라 하였더
라 이 성의 옛 이름은 루스더라

20 야곱이 서원하여 이르되 하나님
이 나와 함께 계셔서 내가 가는
이 길에서 나를 지키시고 먹을
떡과 입을 옷을 주시어

21 내가 평안히 아버지 집으로 돌
아가게 하시오면 여호와께서 나
의 하나님이 되실 것이요

14

15

16

17

18

19

20

21

창28:22

22 내가 기둥으로 세운 이 돌이 하
나님의 집이 될 것이요 하나님
께서 내게 주신 모든 것에서 십
분의 일을 내가 반드시 하나님
께 드리겠나이다 하였더라

창29:1-7

야곱이 라반의 집에 이르다

1 야곱이 길을 떠나 동방 사람의
땅에 이르러

2 본즉 들에 우물이 있고 그 곁에
양 세 떼가 누워 있으니 이는 목
자들이 그 우물에서 양 떼에게
물을 먹임이라 큰 돌로 우물 아
귀를 덮었다가

3 모든 떼가 모이면 그들이 우물
아귀에서 돌을 옮기고 그 양 떼
에게 물을 먹이고는 우물 아귀
그 자리에 다시 그 돌을 덮더라

4 야곱이 그들에게 이르되 내 형제
여 어디서 왔느냐 그들이 이르되
하란에서 왔노라

5 야곱이 그들에게 이르되 너희가
나홀의 손자 라반을 아느냐 그들
이 이르되 아노라

6 야곱이 그들에게 이르되 그가 평
안하냐 이르되 평안하니라 그의
딸 라헬이 지금 양을 몰고 오느
니라

7 야곱이 이르되 해가 아직 높은즉
가축 모일 때가 아니니 양에게 물
을 먹이고 가서 풀을 뜯게 하라

22

[29장] 야곱이 라반의 집에 이르다

1

2

3

4

5

6

7

창세기

■ 야곱 이야기 (27:1-36:43)

창29:8-15

8 그들이 이르되 우리가 그리하지
못하겠노라 떼가 다 모이고 목자
들이 우물 아귀에서 돌을 옮겨야
우리가 양에게 물을 먹이느니라

9 야곱이 그들과 말하는 동안에 라
헬이 그의 아버지의 양과 함께
오니 그가 그의 양들을 치고 있
었기 때문이더라

10 야곱이 그의 외삼촌 라반의 딸
라헬과 그의 외삼촌의 양을 보
고 나아가 우물 아귀에서 돌을
옮기고 외삼촌 라반의 양 떼에
게 물을 먹이고

11 그가 라헬에게 입맞추고 소리
내어 울며

12 그에게 자기가 그의 아버지의
생질이요 리브가의 아들 됨을
말하였더니 라헬이 달려가서 그
아버지에게 알리매

13 라반이 그의 생질 야곱의 소식
을 듣고 달려와서 그를 영접하
여 안고 입맞추며 자기 집으로
인도하여 들이니 야곱이 자기의
모든 일을 라반에게 말하매

14 라반이 이르되 너는 참으로 내
혈육이로다 하였더라 야곱이 한
달을 그와 함께 거주하더니

15 라반이 야곱에게 이르되 네가
비록 내 생질이나 어찌 그저 내
일을 하겠느냐 네 품삯을 어떻
게 할지 내게 말하라

8

9

10

11

12

13

14

15

년 월 일

창29:16-25

16 라반에게 두 딸이 있으니 언니
의 이름은 레아요 아우의 이름
은 라헬이라

17 레아는 시력이 약하고 라헬은
곱고 아리따우니

18 야곱이 라헬을 더 사랑하므로
대답하되 내가 외삼촌의 작은
딸 라헬을 위하여 외삼촌에게
칠 년을 섬기리이다

19 라반이 이르되 그를 네게 주는
것이 타인에게 주는 것보다 나
으니 나와 함께 있으라

20 야곱이 라헬을 위하여 칠 년 동
안 라반을 섬겼으나 그를 사랑
하는 까닭에 칠 년을 며칠 같이
여겼더라

야곱이 레아와 라헬을 아내로 맞다

21 야곱이 라반에게 이르되 내 기한
이 찼으니 내 아내를 내게 주소
서 내가 그에게 들어가겠나이다

22 라반이 그 곳 사람을 다 모아 잔
치하고

23 저녁에 그의 딸 레아를 야곱에
게로 데려가매 야곱이 그에게로
들어가니라

24 라반이 또 그의 여종 실바를 그
의 딸 레아에게 시녀로 주었더라

25 야곱이 아침에 보니 레아라 라반
에게 이르되 외삼촌이 어찌하여
내게 이같이 행하셨나이까 내가
라헬을 위하여 외삼촌을 섬기지
아니하였나이까 외삼촌이 나를
속이심은 어찌됨이니이까

16

17

18

19

20

야곱이 레아와 라헬을 아내로 맞다

21

22

23

24

25

창세기

야곱 이야기 (27:1-36:43)

창29:26-33

26 라반이 이르되 언니보다 아우를
먼저 주는 것은 우리 지방에서
하지 아니하는 바이라
27 이를 위하여 칠 일을 채우라 우
리가 그도 네게 주리니 네가 또
나를 칠 년 동안 섬길지니라
28 야곱이 그대로 하여 그 칠 일을
채우매 라반이 딸 라헬도 그에
게 아내로 주고
29 라반이 또 그의 여종 빌하를 그
의 딸 라헬에게 주어 시녀가 되
게 하매
30 야곱이 또한 라헬에게로 들어갔
고 그가 레아보다 라헬을 더 사
랑하여 다시 칠 년 동안 라반을
섬겼더라

야곱에게 아이들이 생기다

31 여호와께서 레아가 사랑 받지
못함을 보시고 그의 태를 여셨
으나 라헬은 자녀가 없었더라
32 레아가 임신하여 아들을 낳고
그 이름을 르우벤이라 하여 이
르되 여호와께서 나의 괴로움을
돌보셨으니 이제는 내 남편이
나를 사랑하리로다 하였더라
33 그가 다시 임신하여 아들을 낳고
이르되 여호와께서 내가 사랑 받
지 못함을 들으셨으므로 내게 이
아들도 주셨도다 하고 그의 이름
을 시므온이라 하였으며

26

27

28

29

30

야곱에게 아이들이 생기다

31

32

33

창29:34-35

34 그가 또 임신하여 아들을 낳고
이르되 내가 그에게 세 아들을
낳았으니 내 남편이 지금부터
나와 연합하리로다 하고 그의
이름을 레위라 하였으며

35 그가 또 임신하여 아들을 낳고
이르되 내가 이제는 여호와를
찬송하리로다 하고 이로 말미암
아 그가 그의 이름을 유다라 하
였고 그의 출산이 멈추었더라

창30:1-6

1 라헬이 자기가 야곱에게서 아들
을 낳지 못함을 보고 그의 언니
를 시기하여 야곱에게 이르되 내
게 자식을 낳게 하라 그렇지 아
니하면 내가 죽겠노라

2 야곱이 라헬에게 성을 내어 이르
되 그대를 임신하지 못하게 하시
는 이는 하나님이시니 내가 하나
님을 대신하겠느냐

3 라헬이 이르되 내 여종 빌하에게
로 들어가라 그가 아들을 낳아 내
무릎에 두리니 그러면 나도 그로
말미암아 자식을 얻겠노라 하고

4 그의 시녀 빌하를 남편에게 아내
로 주매 야곱이 그에게로 들어갔
더니

5 빌하가 임신하여 야곱에게 아들
을 낳은지라

6 라헬이 이르되 하나님이 내 억울
함을 푸시려고 내 호소를 들으사
내게 아들을 주셨다 하고 이로
말미암아 그의 이름을 단이라 하
였으며

34

35

[30장]

1

2

3

4

5

6

창30:7-15

7 라헬의 시녀 빌하가 다시 임신하
여 둘째 아들을 야곱에게 낳으매
8 라헬이 이르되 내가 언니와 크게
경쟁하여 이겼다 하고 그의 이름
을 납달리라 하였더라
9 레아가 자기의 출산이 멈춤을 보고
그의 시녀 실바를 데려다가 야곱에
게 주어 아내로 삼게 하였더니
10 레아의 시녀 실바가 야곱에게서
아들을 낳으매
11 레아가 이르되 복되도다 하고
그의 이름을 갓이라 하였으며
12 레아의 시녀 실바가 둘째 아들
을 야곱에게 낳으매
13 레아가 이르되 기쁘도다 모든
딸들이 나를 기쁜 자라 하리로
다 하고 그의 이름을 아셀이라
하였더라
14 밀 거둘 때 르우벤이 나가서 들
에서 합환채를 얻어 그의 어머
니 레아에게 드렸더니 라헬이
레아에게 이르되 언니의 아들의
합환채를 청구하노라
15 레아가 그에게 이르되 네가 내
남편을 빼앗은 것이 작은 일이
냐 그런데 네가 내 아들의 합환
채도 빼앗고자 하느냐 라헬이
이르되 그러면 언니의 아들의
합환채 대신에 오늘 밤에 내 남
편이 언니와 동침하리라 하니라

7

8

9

10

11

12

13

14

15

창30:16-24

16 저물 때에 야곱이 들에서 돌아
오매 레아가 나와서 그를 영접
하며 이르되 내게로 들어오라
내가 내 아들의 합환채로 당신
을 샀노라 그 밤에 야곱이 그와
동침하였더라

17 하나님이 레아의 소원을 들으셨
으므로 그가 임신하여 다섯째
아들을 야곱에게 낳은지라

18 레아가 이르되 내가 내 시녀를
내 남편에게 주었으므로 하나님
이 내게 그 값을 주셨다 하고 그
의 이름을 잇사갈이라 하였으며

19 레아가 다시 임신하여 여섯째
아들을 야곱에게 낳은지라

20 레아가 이르되 하나님이 내게
후한 선물을 주시도다 내가 남
편에게 여섯 아들을 낳았으니
이제는 그가 나와 함께 살리라
하고 그의 이름을 스불론이라
하였으며

21 그 후에 그가 딸을 낳고 그의 이
름을 디나라 하였더라

22 하나님이 라헬을 생각하신지라
하나님이 그의 소원을 들으시고
그의 태를 여셨으므로

23 그가 임신하여 아들을 낳고 이
르되 하나님이 내 부끄러움을
씻으셨다 하고

24 그 이름을 요셉이라 하니 여호
와는 다시 다른 아들을 내게 더
하시기를 원하노라 하였더라

16

17

18

19

20

21

22

23

24

창세기

창30:25-31

야곱이 라반과 품삯을 정하다

25 라헬이 요셉을 낳았을 때에 야
곱이 라반에게 이르되 나를 보
내어 내 고향 나의 땅으로 가게
하시되

26 내가 외삼촌에게서 일하고 얻은
처자를 내게 주시어 나로 가게
하소서 내가 외삼촌에게 한 일
은 외삼촌이 아시나이다

27 라반이 그에게 이르되 여호와께
서 너로 말미암아 내게 복 주신
줄을 내가 깨달았노니 네가 나
를 사랑스럽게 여기거든 그대로
있으라

28 또 이르되 네 품삯을 정하라 내
가 그것을 주리라

29 야곱이 그에게 이르되 내가 어
떻게 외삼촌을 섬겼는지, 어떻게
외삼촌의 가축을 쳤는지 외삼촌
이 아시나이다

30 내가 오기 전에는 외삼촌의 소
유가 적더니 번성하여 떼를 이
루었으니 내 발이 이르는 곳마
다 여호와께서 외삼촌에게 복을
주셨나이다 그러나 나는 언제나
내 집을 세우리이까

31 라반이 이르되 내가 무엇으로
네게 주랴 야곱이 이르되 외삼
촌께서 내게 아무것도 주시지
않아도 나를 위하여 이 일을 행
하시면 내가 다시 외삼촌의 양
떼를 먹이고 지키리이다

야곱이 라반과 품삯을 정하다

25

26

27

28

29

30

31

창30:32-39

32 오늘 내가 외삼촌의 양 떼에 두
루 다니며 그 양 중에 아롱진 것
과 점 있는 것과 검은 것을 가려
내며 또 염소 중에 점 있는 것과
아롱진 것을 가려내리니 이같은
것이 내 품삯이 되리이다

33 후일에 외삼촌께서 오셔서 내
품삯을 조사하실 때에 나의 의
가 내 대답이 되리이다 내게 혹
시 염소 중 아롱지지 아니한 것
이나 점이 없는 것이나 양 중에
검지 아니한 것이 있거든 다 도
둑질한 것으로 인정하소서

34 라반이 이르되 내가 네 말대로
하리라 하고

35 그 날에 그가 숫염소 중 얼룩무
늬 있는 것과 점 있는 것을 가리
고 암염소 중 흰 바탕에 아롱진
것과 점 있는 것을 가리고 양 중
의 검은 것들을 가려 자기 아들
들의 손에 맡기고

36 자기와 야곱의 사이를 사흘 길
이 뜨게 하였고 야곱은 라반의
남은 양 떼를 치니라

37 야곱이 버드나무와 살구나무와
신풍나무의 푸른 가지를 가져다
가 그것들의 껍질을 벗겨 흰 무
늬를 내고

38 그 껍질 벗긴 가지를 양 떼가 와
서 먹는 개천의 물 구유에 세워
양 떼를 향하게 하매 그 떼가 물
을 먹으러 올 때에 새끼를 배니

39 가지 앞에서 새끼를 배므로 얼
룩얼룩한 것과 점이 있고 아롱
진 것을 낳은지라

32

33

34

35

36

37

38

39

년 월 일

창31:4-12

4 야곱이 사람을 보내어 라헬과 레아를 자기 양 떼가 있는 들로 불러다가

5 그들에게 이르되 내가 그대들의 아버지의 안색을 본즉 내게 대하여 전과 같지 아니하도다 그러할지라도 내 아버지의 하나님은 나와 함께 계셨느니라

6 그대들도 알거니와 내가 힘을 다하여 그대들의 아버지를 섬겼거늘

7 그대들의 아버지가 나를 속여 품삯을 열 번이나 변경하였느니라 그러나 하나님이 그를 막으사 나를 해치지 못하게 하셨으며

8 그가 이르기를 점 있는 것이 네 삯이 되리라 하면 온 양 떼가 낳은 것이 점 있는 것이요 또 얼룩무늬 있는 것이 네 삯이 되리라 하면 온 양 떼가 낳은 것이 얼룩무늬 있는 것이니

9 하나님이 이같이 그대들의 아버지의 가축을 빼앗아 내게 주셨느니라

10 그 양 떼가 새끼 밸 때에 내가 꿈에 눈을 들어 보니 양 떼를 탄 숫양은 다 얼룩무늬 있는 것과 점 있는 것과 아롱진 것이었더라

11 꿈에 하나님의 사자가 내게 말씀하시기를 야곱아 하기로 내가 대답하기를 여기 있나이다 하매

12 이르시되 네 눈을 들어 보라 양 떼를 탄 숫양은 다 얼룩무늬 있는 것, 점 있는 것과 아롱진 것이니라 라반이 네게 행한 모든 것을 내가 보았노라

창세기

■ 야곱 이야기 (27:1-36:43)

창31:13-20

13 나는 벧엘의 하나님이라 네가
거기서 기둥에 기름을 붓고 거
기서 내게 서원하였으니 지금
일어나 이 곳을 떠나서 네 출생
지로 돌아가라 하셨느니라

14 라헬과 레아가 그에게 대답하여
이르되 우리가 우리 아버지 집
에서 무슨 분깃이나 유산이 있
으리요

15 아버지가 우리를 팔고 우리의
돈을 다 먹어버렸으니 아버지가
우리를 외국인처럼 여기는 것이
아닌가

16 하나님이 우리 아버지에게서 취
하여 가신 재물은 우리와 우리
자식의 것이니 이제 하나님이 당
신에게 이르신 일을 다 준행하라

17 야곱이 일어나 자식들과 아내들
을 낙타들에게 태우고

18 그 모은 바 모든 가축과 모든 소
유물 곧 그가 밧단아람에서 모
은 가축을 이끌고 가나안 땅에
있는 그의 아버지 이삭에게로
가려 할새

19 그 때에 라반이 양털을 깎으러
갔으므로 라헬은 그의 아버지의
드라빔을 도둑질하고

20 야곱은 그 거취를 아람 사람 라
반에게 말하지 아니하고 가만히
떠났더라

13

14

15

16

17

18

19

20

년 월 일

창31:21-30

21 그가 그의 모든 소유를 이끌고
강을 건너 길르앗 산을 향하여
도망한 지

22 삼 일 만에 야곱이 도망한 것이
라반에게 들린지라

23 라반이 그의 형제를 거느리고
칠 일 길을 쫓아가 길르앗 산에
서 그에게 이르렀더니

24 밤에 하나님이 아람 사람 라반
에게 현몽하여 이르시되 너는
삼가 야곱에게 선악간에 말하지
말라 하셨더라

25 라반이 야곱을 뒤쫓아 이르렀으
니 야곱이 그 산에 장막을 친지
라 라반이 그 형제와 더불어 길
르앗 산에 장막을 치고

26 라반이 야곱에게 이르되 네가
나를 속이고 내 딸들을 칼에 사
로잡힌 자 같이 끌고 갔으니 어
찌 이같이 하였느냐

27 내가 즐거움과 노래와 북과 수금
으로 너를 보내겠거늘 어찌하여
네가 나를 속이고 가만히 도망하
고 내게 알리지 아니하였으며

28 내가 내 손자들과 딸들에게 입
맞추지 못하게 하였으니 네 행
위가 참으로 어리석도다

29 너를 해할 만한 능력이 내 손에
있으나 너희 아버지의 하나님이
어제 밤에 내게 말씀하시기를
너는 삼가 야곱에게 선악간에
말하지 말라 하셨느니라

30 이제 네가 네 아버지 집을 사모
하여 돌아가려는 것은 옳거니와
어찌 내 신을 도둑질하였느냐

21

22

23

24

25

26

27

28

29

30

창세기

야곱 이야기 (27:1-36:43)

창31:31-36

31 야곱이 라반에게 대답하여 이르
되 내가 생각하기를 외삼촌이
외삼촌의 딸들을 내게서 억지로
빼앗으리라 하여 두려워하였음
이니이다
32 외삼촌의 신을 누구에게서 찾든
지 그는 살지 못할 것이요 우리
형제들 앞에서 무엇이든지 외삼
촌의 것이 발견되거든 외삼촌
에게로 가져가소서 하니 야곱은
라헬이 그것을 도둑질한 줄을
알지 못함이었더라
33 라반이 야곱의 장막에 들어가고
레아의 장막에 들어가고 두 여
종의 장막에 들어갔으나 찾지
못하고 레아의 장막에서 나와
라헬의 장막에 들어가매
34 라헬이 그 드라빔을 가져 낙타
안장 아래에 넣고 그 위에 앉은
지라 라반이 그 장막에서 찾다
가 찾아내지 못하매
35 라헬이 그의 아버지에게 이르되
마침 생리가 있어 일어나서 영
접할 수 없사오니 내 주는 노하
지 마소서 하니라 라반이 그 드
라빔을 두루 찾다가 찾아내지
못한지라
36 야곱이 노하여 라반을 책망할새
야곱이 라반에게 대답하여 이르
되 내 허물이 무엇이니이까 무
슨 죄가 있기에 외삼촌께서 내
뒤를 급히 추격하나이까

31

32

33

34

35

36

창31:37-42

37 외삼촌께서 내 물건을 다 뒤져
보셨으니 외삼촌의 집안 물건
중에서 무엇을 찾아내었나이까
여기 내 형제와 외삼촌의 형제
앞에 그것을 두고 우리 둘 사이
에 판단하게 하소서

38 내가 이 이십 년을 외삼촌과 함
께 하였거니와 외삼촌의 암양들
이나 암염소들이 낙태하지 아니
하였고 또 외삼촌의 양 떼의 숫
양을 내가 먹지 아니하였으며

39 물려 찢긴 것은 내가 외삼촌에
게로 가져가지 아니하고 낮에
도둑을 맞았든지 밤에 도둑을
맞았든지 외삼촌이 그것을 내
손에서 찾았으므로 내가 스스로
그것을 보충하였으며

40 내가 이와 같이 낮에는 더위와
밤에는 추위를 무릅쓰고 눈 붙
일 겨를도 없이 지냈나이다

41 내가 외삼촌의 집에 있는 이 이
십 년 동안 외삼촌의 두 딸을 위
하여 십사 년, 외삼촌의 양 떼를
위하여 육 년을 외삼촌에게 봉
사하였거니와 외삼촌께서 내 품
삯을 열 번이나 바꾸셨으며

42 우리 아버지의 하나님, 아브라함
의 하나님 곧 이삭이 경외하는
이가 나와 함께 계시지 아니하
셨더라면 외삼촌께서 이제 나를
빈손으로 돌려보내셨으리이다
마는 하나님이 내 고난과 내 손
의 수고를 보시고 어제 밤에 외
삼촌을 책망하셨나이다

37

38

39

40

41

42

창31:43-50

야곱과 라반의 언약

43 라반이 야곱에게 대답하여 이르
되 딸들은 내 딸이요 자식들은
내 자식이요 양 떼는 내 양 떼요
네가 보는 것은 다 내 것이라 내
가 오늘 내 딸들과 그들이 낳은
자식들에게 무엇을 하겠느냐

44 이제 오라 나와 네가 언약을 맺
고 그것으로 너와 나 사이에 증
거를 삼을 것이니라

45 이에 야곱이 돌을 가져다가 기
둥으로 세우고

46 또 그 형제들에게 돌을 모으라
하니 그들이 돌을 가져다가 무
더기를 이루매 무리가 거기 무
더기 곁에서 먹고

47 라반은 그것을 여갈사하두다라
불렀고 야곱은 그것을 갈르엣이
라 불렀으니

48 라반의 말에 오늘 이 무더기가 너
와 나 사이에 증거가 된다 하였으므
로 그 이름을 갈르엣이라 불렀으며

49 또 미스바라 하였으니 이는 그
의 말에 우리가 서로 떠나 있을
때에 여호와께서 나와 너 사이
를 살피시옵소서 함이라

50 만일 네가 내 딸을 박대하거나 내
딸들 외에 다른 아내들을 맞이하
면 우리와 함께 할 사람은 없어도
보라 하나님이 나와 너 사이에 증
인이 되시느니라 함이었더라

야곱과 라반의 언약

43

44

45

46

47

48

49

50

창31:51-55

51 라반이 또 야곱에게 이르되 내
가 나와 너 사이에 둔 이 무더기
를 보라 또 이 기둥을 보라

52 이 무더기가 증거가 되고 이 기
둥이 증거가 되나니 내가 이 무
더기를 넘어 네게로 가서 해하
지 않을 것이요 네가 이 무더기,
이 기둥을 넘어 내게로 와서 해
하지 아니할 것이라

53 아브라함의 하나님, 나홀의 하나
님, 그들의 조상의 하나님은 우
리 사이에 판단하옵소서 하매
야곱이 그의 아버지 이삭이 경
외하는 이를 가리켜 맹세하고

54 야곱이 또 산에서 제사를 드리
고 형제들을 불러 떡을 먹이니
그들이 떡을 먹고 산에서 밤을
지내고

55 라반이 아침에 일찍이 일어나
손자들과 딸들에게 입맞추며 그
들에게 축복하고 떠나 고향으로
돌아갔더라

창32:1-3

야곱이 에서를 만날 준비를 하다

1 야곱이 길을 가는데 하나님의 사
자들이 그를 만난지라

2 야곱이 그들을 볼 때에 이르기를
이는 하나님의 군대라 하고 그 땅
이름을 마하나임이라 하였더라

3 야곱이 세일 땅 에돔 들에 있는
형 에서에게로 자기보다 앞서 사
자들을 보내며

[32장] 야곱이 에서를 만날 준비를 하다

창세기

야곱 이야기 (27:1-36:43)

창32:4-10

4 그들에게 명령하여 이르되 너희
는 내 주 에서에게 이같이 말하
라 주의 종 야곱이 이같이 말하
기를 내가 라반과 함께 거류하며
지금까지 머물러 있었사오며

5 내게 소와 나귀와 양 떼와 노비
가 있으므로 사람을 보내어 내
주께 알리고 내 주께 은혜 받기
를 원하나이다 하라 하였더니

6 사자들이 야곱에게 돌아와 이르
되 우리가 주인의 형 에서에게
이른즉 그가 사백 명을 거느리고
주인을 만나려고 오더이다

7 야곱이 심히 두렵고 답답하여 자
기와 함께 한 동행자와 양과 소
와 낙타를 두 떼로 나누고

8 이르되 에서가 와서 한 떼를 치
면 남은 한 떼는 피하리라 하고

9 야곱이 또 이르되 내 조부 아브
라함의 하나님, 내 아버지 이삭의
하나님 여호와여 주께서 전에 내
게 명하시기를 네 고향, 네 족속
에게로 돌아가라 내가 네게 은혜
를 베풀리라 하셨나이다

10 나는 주께서 주의 종에게 베푸
신 모든 은총과 모든 진실하심
을 조금도 감당할 수 없사오나
내가 내 지팡이만 가지고 이 요
단을 건넜더니 지금은 두 떼나
이루었나이다

4

5

6

7

8

9

10

창32:11-18

11 내가 주께 간구하오니 내 형의
손에서, 에서의 손에서 나를 건져
내시옵소서 내가 그를 두려워함
은 그가 와서 나와 내 처자들을
칠까 겁이 나기 때문이니이다

12 주께서 말씀하시기를 내가 반드
시 네게 은혜를 베풀어 네 씨로
바다의 셀 수 없는 모래와 같이
많게 하리라 하셨나이다

야곱이 브니엘에서 씨름을 하다

13 야곱이 거기서 밤을 지내고 그
소유 중에서 형 에서를 위하여
예물을 택하니

14 암염소가 이백이요 숫염소가 이
십이요 암양이 이백이요 숫양이
이십이요

15 젖 나는 낙타 삼십과 그 새끼요
암소가 사십이요 황소가 열이요
암나귀가 이십이요 그 새끼 나
귀가 열이라

16 그것을 각각 떼로 나누어 종들
의 손에 맡기고 그의 종에게 이
르되 나보다 앞서 건너가서 각
떼로 거리를 두게 하라 하고

17 그가 또 앞선 자에게 명령하여
이르되 내 형 에서가 너를 만나
묻기를 네가 누구의 사람이며
어디로 가느냐 네 앞의 것은 누
구의 것이냐 하거든

18 대답하기를 주의 종 야곱의 것
이요 자기 주 에서에게로 보내
는 예물이오며 야곱도 우리 뒤
에 있나이다 하라 하고

11

12

야곱이 브니엘에서 씨름을 하다

13

14

15

16

17

18

창세기

야곱 이야기 (27:1-36:43)

창32:19-26

19 그 둘째와 셋째와 각 떼를 따라
가는 자에게 명령하여 이르되
너희도 에서를 만나거든 곧 이
같이 그에게 말하고

20 또 너희는 말하기를 주의 종 야
곱이 우리 뒤에 있다 하라 하니
이는 야곱이 말하기를 내가 내
앞에 보내는 예물로 형의 감정
을 푼 후에 대면하면 형이 혹시
나를 받아 주리라 함이었더라

21 그 예물은 그에 앞서 보내고 그
는 무리 가운데서 밤을 지내다가

22 밤에 일어나 두 아내와 두 여종
과 열한 아들을 인도하여 얍복
나루를 건널새

23 그들을 인도하여 시내를 건너가
게 하며 그의 소유도 건너가게
하고

24 야곱은 홀로 남았더니 어떤 사
람이 날이 새도록 야곱과 씨름
하다가

25 자기가 야곱을 이기지 못함을
보고 그가 야곱의 허벅지 관절
을 치매 야곱의 허벅지 관절이
그 사람과 씨름할 때에 어긋났
더라

26 그가 이르되 날이 새려하니 나
로 가게 하라 야곱이 이르되 당
신이 내게 축복하지 아니하면
가게 하지 아니하겠나이다

19

20

21

22

23

24

25

26

년 월 일

창32:27-32

27 그 사람이 그에게 이르되 네 이
름이 무엇이냐 그가 이르되 야
곱이니이다

28 그가 이르되 네 이름을 다시는
야곱이라 부를 것이 아니요 이
스라엘이라 부를 것이니 이는
네가 하나님과 및 사람들과 겨
루어 이겼음이니라

29 야곱이 청하여 이르되 당신의
이름을 알려주소서 그 사람이
이르되 어찌하여 내 이름을 묻
느냐 하고 거기서 야곱에게 축
복한지라

30 그러므로 야곱이 그 곳 이름을
브니엘이라 하였으니 그가 이르
기를 내가 하나님과 대면하여
보았으나 내 생명이 보전되었다
함이더라

31 그가 브니엘을 지날 때에 해가
돋았고 그의 허벅다리로 말미암
아 절었더라

32 그 사람이 야곱의 허벅지 관절
에 있는 둔부의 힘줄을 쳤으므
로 이스라엘 사람들이 지금까지
허벅지 관절에 있는 둔부의 힘
줄을 먹지 아니하더라

창33:1

야곱이 에서를 만나다

1 야곱이 눈을 들어 보니 에서가 사
백 명의 장정을 거느리고 오고 있
는지라 그의 자식들을 나누어 레
아와 라헬과 두 여종에게 맡기고

27

28

29

30

31

32

[33장] 야곱이 에서를 만나다

1

창세기

야곱 이야기 (27:1-36:43)

창33:2-9

2 여종들과 그들의 자식들은 앞에 두고 레아와 그의 자식들은 다음에 두고 라헬과 요셉은 뒤에 두고

3 자기는 그들 앞에서 나아가되 몸을 일곱 번 땅에 굽히며 그의 형 에서에게 가까이 가니

4 에서가 달려와서 그를 맞이하여 안고 목을 어긋맞추어 그와 입맞추고 서로 우니라

5 에서가 눈을 들어 여인들과 자식들을 보고 묻되 너와 함께 한 이들은 누구냐 야곱이 이르되 하나님이 주의 종에게 은혜로 주신 자식들이니이다

6 그 때에 여종들이 그의 자식들과 더불어 나아와 절하고

7 레아도 그의 자식들과 더불어 나아와 절하고 그 후에 요셉이 라헬과 더불어 나아와 절하니

8 에서가 또 이르되 내가 만난 바 이 모든 떼는 무슨 까닭이냐 야곱이 이르되 내 주께 은혜를 입으려 함이니이다

9 에서가 이르되 내 동생아 내게 있는 것이 족하니 네 소유는 네게 두라

2

3

4

5

6

7

8

9

창33:10-17

10 야곱이 이르되 그렇지 아니하니
이다 내가 형님의 눈앞에서 은
혜를 입었사오면 청하건대 내
손에서 이 예물을 받으소서 내
가 형님의 얼굴을 뵈온즉 하나
님의 얼굴을 본 것 같사오며 형
님도 나를 기뻐하심이니이다
11 하나님이 내게 은혜를 베푸셨
고 내 소유도 족하오니 청하건
대 내가 형님께 드리는 예물을
받으소서 하고 그에게 강권하매
받으니라
12 에서가 이르되 우리가 떠나자
내가 너와 동행하리라
13 야곱이 그에게 이르되 내 주도
아시거니와 자식들은 연약하고
내게 있는 양 떼와 소가 새끼를
데리고 있은즉 하루만 지나치게
몰면 모든 떼가 죽으리니
14 청하건대 내 주는 종보다 앞서
가소서 나는 앞에 가는 가축과
자식들의 걸음대로 천천히 인도
하여 세일로 가서 내 주께 나아
가리이다
15 에서가 이르되 내가 내 종 몇 사
람을 네게 머물게 하리라 야곱
이 이르되 어찌하여 그리하리이
까 나로 내 주께 은혜를 얻게 하
소서 하매
16 이 날에 에서는 세일로 돌아가고
17 야곱은 숙곳에 이르러 자기를
위하여 집을 짓고 그의 가축을
위하여 우릿간을 지었으므로 그
땅 이름을 숙곳이라 부르더라

10

11

12

13

14

15

16

17

창세기

야곱 이야기 (27:1-36:43)

창33:18-20

18 야곱이 밧단아람에서부터 평안
히 가나안 땅 세겜 성읍에 이르
러 그 성읍 앞에 장막을 치고

19 그가 장막을 친 밭을 세겜의 아
버지 하몰의 아들들의 손에서
백 크시타에 샀으며

20 거기에 제단을 쌓고 그 이름을 엘
엘로헤이스라엘이라 불렀더라

창34:1-6

디나가 부끄러운 일을 당하다

1 레아가 야곱에게 낳은 딸 디나가
그 땅의 딸들을 보러 나갔더니

2 히위 족속 중 하몰의 아들 그 땅
의 추장 세겜이 그를 보고 끌어
들여 강간하여 욕되게 하고

3 그 마음이 깊이 야곱의 딸 디나
에게 연연하며 그 소녀를 사랑하
여 그의 마음을 말로 위로하고

4 그의 아버지 하몰에게 청하여 이
르되 이 소녀를 내 아내로 얻게
하여 주소서 하였더라

5 야곱이 그 딸 디나를 그가 더럽
혔다 함을 들었으나 자기의 아들
들이 들에서 목축하므로 그들이
돌아오기까지 잠잠하였고

6 세겜의 아버지 하몰은 야곱에게
말하러 왔으며

18

19

20

[34장] 디나가 부끄러운 일을 당하다

1

2

3

4

5

6

창34:7-14

7 야곱의 아들들은 들에서 이를 듣고 돌아와서 그들 모두가 근심하고 심히 노하였으니 이는 세겜이 야곱의 딸을 강간하여 이스라엘에게 부끄러운 일 곧 행하지 못할 일을 행하였음이더라

8 하몰이 그들에게 이르되 내 아들 세겜이 마음으로 너희 딸을 연연하여 하니 원하건대 그를 세겜에게 주어 아내로 삼게 하라

9 너희가 우리와 통혼하여 너희 딸을 우리에게 주며 우리 딸을 너희가 데려가고

10 너희가 우리와 함께 거주하되 땅이 너희 앞에 있으니 여기 머물러 매매하며 여기서 기업을 얻으라 하고

11 세겜도 디나의 아버지와 그의 남자 형제들에게 이르되 나로 너희에게 은혜를 입게 하라 너희가 내게 말하는 것은 내가 다 주리니

12 이 소녀만 내게 주어 아내가 되게 하라 아무리 큰 혼수와 예물을 청할지라도 너희가 내게 말한 대로 주리라

13 야곱의 아들들이 세겜과 그의 아버지 하몰에게 속여 대답하였으니 이는 세겜이 그 누이 디나를 더럽혔음이라

14 야곱의 아들들이 그들에게 말하되 우리는 그리하지 못하겠노라 할례 받지 아니한 사람에게 우리 누이를 줄 수 없노니 이는 우리의 수치가 됨이니라

7

8

9

10

11

12

13

14

창세기

창34:15-22

15 그런즉 이같이 하면 너희에게 허
락하리라 만일 너희 중 남자가
다 할례를 받고 우리 같이 되면

16 우리 딸을 너희에게 주며 너희
딸을 우리가 데려오며 너희와 함
께 거주하여 한 민족이 되려니와

17 너희가 만일 우리 말을 듣지 아
니하고 할례를 받지 아니하면
우리는 곧 우리 딸을 데리고 가
리라

18 그들의 말을 하몰과 그의 아들
세겜이 좋게 여기므로

19 이 소년이 그 일 행하기를 지체
하지 아니하였으니 그가 야곱의
딸을 사랑함이며 그는 그의 아
버지 집에서 가장 존귀하였더라

20 하몰과 그의 아들 세겜이 그들
의 성읍 문에 이르러 그들의 성
읍 사람들에게 말하여 이르되

21 이 사람들은 우리와 친목하고
이 땅은 넓어 그들을 용납할 만
하니 그들이 여기서 거주하며
매매하게 하고 우리가 그들의
딸들을 아내로 데려오고 우리
딸들도 그들에게 주자

22 그러나 우리 중의 모든 남자가
그들이 할례를 받음 같이 할례
를 받아야 그 사람들이 우리와
함께 거주하여 한 민족 되기를
허락할 것이라

15

16

17

18

19

20

21

22

년 월 일

창34:23-30

23 그러면 그들의 가축과 재산과
그들의 모든 짐승이 우리의 소
유가 되지 않겠느냐 다만 그들
의 말대로 하자 그러면 그들이
우리와 함께 거주하리라

24 성문으로 출입하는 모든 자가
하몰과 그의 아들 세겜의 말을
듣고 성문으로 출입하는 그 모
든 남자가 할례를 받으니라

25 제삼일에 아직 그들이 아파할 때
에 야곱의 두 아들 디나의 오라
버니 시므온과 레위가 각기 칼을
가지고 가서 몰래 그 성읍을 기
습하여 그 모든 남자를 죽이고

26 칼로 하몰과 그의 아들 세겜을
죽이고 디나를 세겜의 집에서
데려오고

27 야곱의 여러 아들이 그 시체 있
는 성읍으로 가서 노략하였으니
이는 그들이 그들의 누이를 더
럽힌 까닭이라

28 그들이 양과 소와 나귀와 그 성
읍에 있는 것과 들에 있는 것과

29 그들의 모든 재물을 빼앗으며
그들의 자녀와 그들의 아내들을
사로잡고 집 속의 물건을 다 노
략한지라

30 야곱이 시므온과 레위에게 이르
되 너희가 내게 화를 끼쳐 나로
하여금 이 땅의 주민 곧 가나안
족속과 브리스 족속에게 악취를
내게 하였도다 나는 수가 적은
즉 그들이 모여 나를 치고 나를
죽이리니 그러면 나와 내 집이
멸망하리라

23

24

25

26

27

28

29

30

창세기

창34:31

31 그들이 이르되 그가 우리 누이를
창녀 같이 대우함이 옳으니이까

창35:1-5

하나님이 야곱에게 복을 주시다

1 하나님이 야곱에게 이르시되 일
어나 벧엘로 올라가서 거기 거주
하며 네가 네 형 에서의 낯을 피
하여 도망하던 때에 네게 나타났
던 하나님께 거기서 제단을 쌓으
라 하신지라

2 야곱이 이에 자기 집안 사람과
자기와 함께 한 모든 자에게 이
르되 너희 중에 있는 이방 신상
들을 버리고 자신을 정결하게
하고 너희들의 의복을 바꾸어
입으라

3 우리가 일어나 벧엘로 올라가자
내 환난 날에 내게 응답하시며
내가 가는 길에서 나와 함께 하
신 하나님께 내가 거기서 제단을
쌓으려 하노라 하매

4 그들이 자기 손에 있는 모든 이
방 신상들과 자기 귀에 있는 귀
고리들을 야곱에게 주는지라 야
곱이 그것들을 세겜 근처 상수리
나무 아래에 묻고

5 그들이 떠났으나 하나님이 그 사
면 고을들로 크게 두려워하게 하
셨으므로 야곱의 아들들을 추격
하는 자가 없었더라

31

[35장] 하나님이 야곱에게 복을 주시다

1

2

3

4

5

창35:6-14

6 야곱과 그와 함께 한 모든 사람 이 가나안 땅 루스 곧 벧엘에 이르고

7 그가 거기서 제단을 쌓고 그 곳을 엘벧엘이라 불렀으니 이는 그의 형의 낯을 피할 때에 하나님이 거기서 그에게 나타나셨음이더라

8 리브가의 유모 드보라가 죽으매 그를 벧엘 아래에 있는 상수리나무 밑에 장사하고 그 나무 이름을 알론바굿이라 불렀더라

9 야곱이 밧단아람에서 돌아오매 하나님이 다시 야곱에게 나타나사 그에게 복을 주시고

10 하나님이 그에게 이르시되 네 이름이 야곱이지마는 네 이름을 다시는 야곱이라 부르지 않겠고 이스라엘이 네 이름이 되리라 하시고 그가 그의 이름을 이스라엘이라 부르시고

11 하나님이 그에게 이르시되 나는 전능한 하나님이라 생육하며 번성하라 한 백성과 백성들의 총회가 네게서 나오고 왕들이 네 허리에서 나오리라

12 내가 아브라함과 이삭에게 준 땅을 네게 주고 내가 네 후손에게도 그 땅을 주리라 하시고

13 하나님이 그와 말씀하시던 곳에서 그를 떠나 올라가시는지라

14 야곱이 하나님이 자기와 말씀하시던 곳에 기둥 곧 돌 기둥을 세우고 그 위에 전제물을 붓고 또 그 위에 기름을 붓고

6

7

8

9

10

11

12

13

14

야곱 이야기 (27:1-36:43)

창35:15-22

15 하나님이 자기와 말씀하시던 곳
의 이름을 벧엘이라 불렀더라

라헬이 산고로 죽다

16 그들이 벧엘에서 길을 떠나 에
브랏에 이르기까지 얼마간 거리
를 둔 곳에서 라헬이 해산하게
되어 심히 고생하여

17 그가 난산할 즈음에 산파가 그에
게 이르되 두려워하지 말라 지금
네가 또 득남하느니라 하매

18 그가 죽게 되어 그의 혼이 떠나
려 할 때에 아들의 이름을 베노
니라 불렀으나 그의 아버지는
그를 베냐민이라 불렀더라

19 라헬이 죽으매 에브랏 곧 베들
레헴 길에 장사되었고

20 야곱이 라헬의 묘에 비를 세웠
더니 지금까지 라헬의 묘비라
일컫더라

21 이스라엘이 다시 길을 떠나 에
델 망대를 지나 장막을 쳤더라

22 이스라엘이 그 땅에 거주할 때
에 르우벤이 가서 그 아버지의
첩 빌하와 동침하매 이스라엘이
이를 들었더라

야곱의 아들들

야곱의 아들은 열둘이라

15
라헬이 산고로 죽다
16
17
18
19
20
21
22
야곱의 아들들

창35:23-29

23 레아의 아들들은 야곱의 장자 르우벤과 그 다음 시므온과 레위와 유다와 잇사갈과 스불론이요

24 라헬의 아들들은 요셉과 베냐민이며

25 라헬의 여종 빌하의 아들들은 단과 납달리요

26 레아의 여종 실바의 아들들은 갓과 아셀이니 이들은 야곱의 아들들이요 밧단아람에서 그에게 낳은 자더라

이삭이 죽다

27 야곱이 기럇아르바의 마므레로 가서 그의 아버지 이삭에게 이르렀으니 기럇아르바는 곧 아브라함과 이삭이 거류하던 헤브론이더라

28 이삭의 나이가 백팔십 세라

29 이삭이 나이가 많고 늙어 기운이 다하매 죽어 자기 열조에게로 돌아가니 그의 아들 에서와 야곱이 그를 장사하였더라

창36:1-3

에서의 자손

1 에서 곧 에돔의 족보는 이러하니라

2 에서가 가나안 여인 중 헷 족속 엘론의 딸 아다와 히위 족속 시브온의 딸인 아나의 딸 오홀리바마를 자기 아내로 맞이하고

3 또 이스마엘의 딸 느바욧의 누이 바스맛을 맞이하였더니

이삭이 죽다

[36장] 에서의 자손

창세기

야곱 이야기 (27:1-36:43)

창36:4-12

4 아다는 엘리바스를 에서에게 낳
았고 바스맛은 르우엘을 낳았고

5 오홀리바마는 여우스와 얄람과
고라를 낳았으니 이들은 에서의
아들들이요 가나안 땅에서 그에
게 태어난 자들이더라

6 에서가 자기 아내들과 자기 자녀
들과 자기 집의 모든 사람과 자
기의 가축과 자기의 모든 짐승과
자기가 가나안 땅에서 모은 모든
재물을 이끌고 그의 동생 야곱을
떠나 다른 곳으로 갔으니

7 두 사람의 소유가 풍부하여 함께
거주할 수 없음이러라 그들이 거주
하는 땅이 그들의 가축으로 말미암
아 그들을 용납할 수 없었더라

8 이에 에서 곧 에돔이 세일 산에
거주하니라

9 세일 산에 있는 에돔 족속의 조
상 에서의 족보는 이러하고

10 그 자손의 이름은 이러하니라
에서의 아내 아다의 아들은 엘
리바스요 에서의 아내 바스맛의
아들은 르우엘이며

11 엘리바스의 아들들은 데만과 오
말과 스보와 가담과 그나스요

12 에서의 아들 엘리바스의 첩 딤
나는 아말렉을 엘리바스에게 낳
았으니 이들은 에서의 아내 아
다의 자손이며

4

5

6

7

8

9

10

11

12

창36:13-21

13 르우엘의 아들들은 나핫과 세라
와 삼마와 미사니 이들은 에서
의 아내 바스맛의 자손이며

14 시브온의 손녀 아나의 딸 에서
의 아내 오홀리바마의 아들들은
이러하니 그가 여우스와 얄람과
고라를 에서에게 낳았더라

15 에서 자손 중 족장은 이러하니
라 에서의 장자 엘리바스의 자
손으로는 데만 족장, 오말 족장,
스보 족장, 그나스 족장과

16 고라 족장, 가담 족장, 아말렉 족
장이니 이들은 에돔 땅에 있는
엘리바스의 족장들이요 이들은
아다의 자손이며

17 에서의 아들 르우엘의 자손으
로는 나핫 족장, 세라 족장, 삼마
족장, 미사 족장이니 이들은 에
돔 땅에 있는 르우엘의 족장들
이요 이들은 에서의 아내 바스
맛의 자손이며

18 에서의 아내인 오홀리바마의 아
들들은 여우스 족장, 얄람 족장,
고라 족장이니 이들은 아나의
딸이요 에서의 아내인 오홀리바
마로 말미암아 나온 족장들이라

19 에서 곧 에돔의 자손으로서 족
장 된 자들이 이러하였더라

세일의 자손

20 그 땅의 주민 호리 족속 세일의
자손은 로단과 소발과 시브온과
아나와

21 디손과 에셀과 디산이니 이들은
에돔 땅에 있는 세일의 자손 중
호리 족속의 족장들이요

13

14

15

16

17

18

19

세일의 자손

20

21

창36:22-32

22 로단의 자녀는 호리와 헤맘과
로단의 누이 딤나요
23 소발의 자녀는 알완과 마나핫과
에발과 스보와 오남이요
24 시브온의 자녀는 아야와 아나며
이 아나는 그 아버지 시브온의
나귀를 칠 때에 광야에서 온천
을 발견하였고
25 아나의 자녀는 디손과 오홀리
바마니 오홀리바마는 아나의
딸이며
26 디손의 자녀는 헴단과 에스반과
이드란과 그란이요
27 에셀의 자녀는 빌한과 사아완과
아간이요
28 디산의 자녀는 우스와 아란이니
29 호리 족속의 족장들은 곧 로단 족장,
소발 족장, 시브온 족장, 아나 족장,
30 디손 족장, 에셀 족장, 디산 족장
이라 이들은 그들의 족속들에
따라 세일 땅에 있는 호리 족속
의 족장들이었더라

에돔의 왕들

31 이스라엘 자손을 다스리는 왕이
있기 전에 에돔 땅을 다스리던
왕들은 이러하니라
32 브올의 아들 벨라가 에돔의 왕
이 되었으니 그 도성의 이름은
딘하바며

22

23

24

25

26

27

28

29

30

에돔의 왕들

31

32

년 월 일

창36:33-43

33 벨라가 죽고 보스라 사람 세라
의 아들 요밥이 그를 대신하여
왕이 되었고

34 요밥이 죽고 데만 족속의 땅의 후
삼이 그를 대신하여 왕이 되었고

35 후삼이 죽고 브닷의 아들 곧 모
압 들에서 미디안 족속을 친 하
닷이 그를 대신하여 왕이 되었
으니 그 도성 이름은 아윗이며

36 하닷이 죽고 마스레가의 삼라가
그를 대신하여 왕이 되었고

37 삼라가 죽고 유브라데 강변 르
호봇의 사울이 그를 대신하여
왕이 되었고

38 사울이 죽고 악볼의 아들 바알하
난이 그를 대신하여 왕이 되었고

39 악볼의 아들 바알하난이 죽고
하달이 그를 대신하여 왕이 되
었으니 그 도성 이름은 바우며
그의 아내의 이름은 므헤다벨이
니 마드렛의 딸이요 메사합의
손녀더라

40 에서에게서 나온 족장들의 이름
은 그 종족과 거처와 이름을 따
라 나누면 이러하니 딤나 족장,
알와 족장, 여뎃 족장,

41 오홀리바마 족장, 엘라 족장, 비
논 족장,

42 그나스 족장, 데만 족장, 밉살 족장,

43 막디엘 족장, 이람 족장이라 이
들은 그 구역과 거처를 따른 에
돔 족장들이며 에돔 족속의 조
상은 에서더라

33

34

35

36

37

38

39

40

41

42

43

창세기

창37:1-8

요셉과 형제들

1 야곱이 가나안 땅 곧 그의 아버지
가 거류하던 땅에 거주하였으니

2 야곱의 족보는 이러하니라 요셉
이 십칠 세의 소년으로서 그의
형들과 함께 양을 칠 때에 그의
아버지의 아내들 빌하와 실바의
아들들과 더불어 함께 있었더니
그가 그들의 잘못을 아버지에게
말하더라

3 요셉은 노년에 얻은 아들이므로
이스라엘이 여러 아들들보다 그
를 더 사랑하므로 그를 위하여
채색옷을 지었더니

4 그의 형들이 아버지가 형들보다
그를 더 사랑함을 보고 그를 미
워하여 그에게 편안하게 말할 수
없었더라

5 요셉이 꿈을 꾸고 자기 형들에게
말하매 그들이 그를 더욱 미워하
였더라

6 요셉이 그들에게 이르되 청하건
대 내가 꾼 꿈을 들으시오

7 우리가 밭에서 곡식 단을 묶더니
내 단은 일어서고 당신들의 단은
내 단을 둘러서서 절하더이다

8 그의 형들이 그에게 이르되 네가
참으로 우리의 왕이 되겠느냐 참
으로 우리를 다스리게 되겠느냐
하고 그의 꿈과 그의 말로 말미암
아 그를 더욱 미워하더니

요셉 이야기 (37:1-50:26)

[37장] 요셉과 형제들

1

2

3

4

5

6

7

8

창37:9-16

9 요셉이 다시 꿈을 꾸고 그의 형
들에게 말하여 이르되 내가 또
꿈을 꾼즉 해와 달과 열한 별이
내게 절하더이다 하니라

10 그가 그의 꿈을 아버지와 형들
에게 말하매 아버지가 그를 꾸
짖고 그에게 이르되 네가 꾼 꿈
이 무엇이냐 나와 네 어머니와
네 형들이 참으로 가서 땅에 엎
드려 네게 절하겠느냐

11 그의 형들은 시기하되 그의 아버
지는 그 말을 간직해 두었더라

요셉이 애굽으로 팔려가다

12 그의 형들이 세겜에 가서 아버
지의 양 떼를 칠 때에

13 이스라엘이 요셉에게 이르되
네 형들이 세겜에서 양을 치지
아니하느냐 너를 그들에게로
보내리라 요셉이 아버지에게
대답하되 내가 그리하겠나이다

14 이스라엘이 그에게 이르되 가
서 네 형들과 양 떼가 다 잘 있
는지를 보고 돌아와 내게 말
하라 하고 그를 헤브론 골짜
기에서 보내니 그가 세겜으로
가니라

15 어떤 사람이 그를 만난즉 그가
들에서 방황하는지라 그 사람이
그에게 물어 이르되 네가 무엇
을 찾느냐

16 그가 이르되 내가 내 형들을 찾
으오니 청하건대 그들이 양치는
곳을 내게 가르쳐 주소서

9

10

11

요셉이 애굽으로 팔려가다

12

13

14

15

16

창세기

요셉 이야기 (37:1-50:26)

창37:17-23

17 그 사람이 이르되 그들이 여기
서 떠났느니라 내가 그들의 말
을 들으니 도단으로 가자 하더
라 하니라 요셉이 그의 형들의
뒤를 따라 가서 도단에서 그들
을 만나니라

18 요셉이 그들에게 가까이 오기
전에 그들이 요셉을 멀리서 보
고 죽이기를 꾀하여

19 서로 이르되 꿈 꾸는 자가 오는
도다

20 자, 그를 죽여 한 구덩이에 던지
고 우리가 말하기를 악한 짐승
이 그를 잡아먹었다 하자 그의
꿈이 어떻게 되는지를 우리가
볼 것이니라 하는지라

21 르우벤이 듣고 요셉을 그들의 손
에서 구원하려 하여 이르되 우리
가 그의 생명은 해치지 말자

22 르우벤이 또 그들에게 이르되
피를 흘리지 말라 그를 광야 그
구덩이에 던지고 손을 그에게
대지 말라 하니 이는 그가 요셉
을 그들의 손에서 구출하여 그
의 아버지에게로 돌려보내려 함
이었더라

23 요셉이 형들에게 이르매 그의
형들이 요셉의 옷 곧 그가 입은
채색옷을 벗기고

17

18

19

20

21

22

23

년 월 일

창37:24-31

24 그를 잡아 구덩이에 던지니 그
구덩이는 빈 것이라 그 속에 물
이 없었더라

25 그들이 앉아 음식을 먹다가 눈
을 들어 본즉 한 무리의 이스마
엘 사람들이 길르앗에서 오는
데 그 낙타들에 향품과 유향과
몰약을 싣고 애굽으로 내려가
는지라

26 유다가 자기 형제에게 이르되
우리가 우리 동생을 죽이고 그
의 피를 덮어둔들 무엇이 유익
할까

27 자 그를 이스마엘 사람들에게
팔고 그에게 우리 손을 대지 말
자 그는 우리의 동생이요 우리
의 혈육이니라 하매 그의 형제
들이 청종하였더라

28 그 때에 미디안 사람 상인들이
지나가고 있는지라 형들이 요셉
을 구덩이에서 끌어올리고 은
이십에 그를 이스마엘 사람들에
게 팔매 그 상인들이 요셉을 데
리고 애굽으로 갔더라

29 르우벤이 돌아와 구덩이에 이르
러 본즉 거기 요셉이 없는지라
옷을 찢고

30 아우들에게로 되돌아와서 이르
되 아이가 없도다 나는 어디로
갈까

31 그들이 요셉의 옷을 가져다가
숫염소를 죽여 그 옷을 피에 적
시고

24

25

26

27

28

29

30

31

창세기

■ 요셉 이야기 (37:1-50:26)

창37:32-36

32 그의 채색옷을 보내어 그의 아
버지에게로 가지고 가서 이르기
를 우리가 이것을 발견하였으니
아버지 아들의 옷인가 보소서
하매
33 아버지가 그것을 알아보고 이르
되 내 아들의 옷이라 악한 짐승
이 그를 잡아 먹었도다 요셉이
분명히 찢겼도다 하고
34 자기 옷을 찢고 굵은 베로 허리
를 묶고 오래도록 그의 아들을
위하여 애통하니
35 그의 모든 자녀가 위로하되 그
가 그 위로를 받지 아니하여 이
르되 내가 슬퍼하며 스올로 내
려가 아들에게로 가리라 하고
그의 아버지가 그를 위하여 울
었더라
36 그 미디안 사람들은 그를 애굽
에서 바로의 신하 친위대장 보
디발에게 팔았더라

창38:1-2

유다와 다말

1 그 후에 유다가 자기 형제들로
부터 떠나 내려가서 아둘람 사
람 히라와 가까이 하니라
2 유다가 거기서 가나안 사람 수
아라 하는 자의 딸을 보고 그를
데리고 동침하니

32

33

34

35

36

[38장] 유다와 다말

1

2

년 월 일

창38:3-11

3 그가 임신하여 아들을 낳으매
유다가 그의 이름을 엘이라 하
니라
4 그가 다시 임신하여 아들을 낳
고 그의 이름을 오난이라 하고
5 그가 또 다시 아들을 낳고 그의
이름을 셀라라 하니라 그가 셀
라를 낳을 때에 유다는 거십에
있었더라
6 유다가 장자 엘을 위하여 아내
를 데려오니 그의 이름은 다말
이더라
7 유다의 장자 엘이 여호와가 보
시기에 악하므로 여호와께서 그
를 죽이신지라
8 유다가 오난에게 이르되 네 형
수에게로 들어가서 남편의 아우
된 본분을 행하여 네 형을 위하
여 씨가 있게 하라
9 오난이 그 씨가 자기 것이 되지
않을 줄 알므로 형수에게 들어
갔을 때에 그의 형에게 씨를 주
지 아니하려고 땅에 설정하매
10 그 일이 여호와가 보시기에 악
하므로 여호와께서 그도 죽이
시니
11 유다가 그의 며느리 다말에게
이르되 수절하고 네 아버지 집
에 있어 내 아들 셀라가 장성하
기를 기다리라 하니 셀라도 그
형들 같이 죽을까 염려함이라
다말이 가서 그의 아버지 집에
있으니라

창세기

요셉 이야기 (37:1-50:26)

창38:12-17

12 얼마 후에 유다의 아내 수아의
딸이 죽은지라 유다가 위로를
받은 후에 그의 친구 아둘람 사
람 히라와 함께 딤나로 올라가
서 자기의 양털 깎는 자에게 이
르렀더니

13 어떤 사람이 다말에게 말하되
네 시아버지가 자기의 양털을
깎으려고 딤나에 올라왔다 한
지라

14 그가 그 과부의 의복을 벗고 너
울로 얼굴을 가리고 몸을 휩싸
고 딤나 길 곁 에나임 문에 앉으
니 이는 셀라가 장성함을 보았
어도 자기를 그의 아내로 주지
않음으로 말미암음이라

15 그가 얼굴을 가리었으므로 유다
가 그를 보고 창녀로 여겨

16 길 곁으로 그에게 나아가 이르
되 청하건대 나로 네게 들어가
게 하라 하니 그의 며느리인 줄
을 알지 못하였음이라 그가 이
르되 당신이 무엇을 주고 내게
들어오려느냐

17 유다가 이르되 내가 내 떼에서
염소 새끼를 주리라 그가 이르
되 당신이 그것을 줄 때까지 담
보물을 주겠느냐

12

13

14

15

16

17

년 월 일

창38:18-24

18 유다가 이르되 무슨 담보물을
네게 주랴 그가 이르되 당신의
도장과 그 끈과 당신의 손에 있
는 지팡이로 하라 유다가 그것
들을 그에게 주고 그에게로 들
어갔더니 그가 유다로 말미암아
임신하였더라

19 그가 일어나 떠나가서 그 너울
을 벗고 과부의 의복을 도로 입
으니라

20 유다가 그 친구 아둘람 사람의
손에 부탁하여 염소 새끼를 보
내고 그 여인의 손에서 담보물
을 찾으려 하였으나 그가 그 여
인을 찾지 못한지라

21 그가 그 곳 사람에게 물어 이르
되 길 곁 에나임에 있던 창녀가
어디 있느냐 그들이 이르되 여
기는 창녀가 없느니라

22 그가 유다에게로 돌아와 이르되
내가 그를 찾지 못하였고 그 곳
사람도 이르기를 거기에는 창녀
가 없다 하더이다 하더라

23 유다가 이르되 그로 그것을 가
지게 두라 우리가 부끄러움을
당할까 하노라 내가 이 염소 새
끼를 보냈으나 그대가 그를 찾
지 못하였느니라

24 석 달쯤 후에 어떤 사람이 유다
에게 일러 말하되 네 며느리 다
말이 행음하였고 그 행음함으로
말미암아 임신하였느니라 유다
가 이르되 그를 끌어내어 불사
르라

18

19

20

21

22

23

24

창세기

요셉 이야기 (37:1-50:26)

창38:25-30

25 여인이 끌려나갈 때에 사람을
보내어 시아버지에게 이르되 이
물건 임자로 말미암아 임신하였
나이다 청하건대 보소서 이 도
장과 그 끈과 지팡이가 누구의
것이니이까 한지라

26 유다가 그것들을 알아보고 이르
되 그는 나보다 옳도다 내가 그
를 내 아들 셀라에게 주지 아니
하였음이로다 하고 다시는 그를
가까이 하지 아니하였더라

27 해산할 때에 보니 쌍태라

28 해산할 때에 손이 나오는지라
산파가 이르되 이는 먼저 나온
자라 하고 홍색 실을 가져다가
그 손에 매었더니

29 그 손을 도로 들이며 그의 아우
가 나오는지라 산파가 이르되
네가 어찌하여 터뜨리고 나오느
냐 하였으므로 그 이름을 베레
스라 불렀고

30 그의 형 곧 손에 홍색 실 있는 자
가 뒤에 나오니 그의 이름을 세
라라 불렀더라

창39:1

요셉과 보디발의 아내

1 요셉이 이끌려 애굽에 내려가매 바
로의 신하 친위대장 애굽 사람 보
디발이 그를 그리로 데려간 이스마
엘 사람의 손에서 요셉을 사니라

25

26

27

28

29

30

[39장] 요셉과 보디발의 아내

1

창39:2-9

2 여호와께서 요셉과 함께 하시므
로 그가 형통한 자가 되어 그의
주인 애굽 사람의 집에 있으니
3 그의 주인이 여호와께서 그와 함
께 하심을 보며 또 여호와께서
그의 범사에 형통하게 하심을 보
았더라
4 요셉이 그의 주인에게 은혜를 입
어 섬기매 그가 요셉을 가정 총
무로 삼고 자기의 소유를 다 그
의 손에 위탁하니
5 그가 요셉에게 자기의 집과 그의
모든 소유물을 주관하게 한 때부
터 여호와께서 요셉을 위하여 그
애굽 사람의 집에 복을 내리시므
로 여호와의 복이 그의 집과 밭
에 있는 모든 소유에 미친지라
6 주인이 그의 소유를 다 요셉의
손에 위탁하고 자기가 먹는 음식
외에는 간섭하지 아니하였더라
요셉은 용모가 빼어나고 아름다
웠더라
7 그 후에 그의 주인의 아내가 요
셉에게 눈짓하다가 동침하기를
청하니
8 요셉이 거절하며 자기 주인의 아
내에게 이르되 내 주인이 집안의
모든 소유를 간섭하지 아니하고
다 내 손에 위탁하였으니
9 이 집에는 나보다 큰 이가 없으
며 주인이 아무것도 내게 금하지
아니하였어도 금한 것은 당신뿐
이니 당신은 그의 아내임이라 그
런즉 내가 어찌 이 큰 악을 행하
여 하나님께 죄를 지으리이까

2

3

4

5

6

7

8

9

창세기

요셉 이야기 (37:1-50:26)

창39:10-17

10 여인이 날마다 요셉에게 청하였
으나 요셉이 듣지 아니하여 동
침하지 아니할 뿐더러 함께 있
지도 아니하니라
11 그러할 때에 요셉이 그의 일을 하
러 그 집에 들어갔더니 그 집 사
람들은 하나도 거기에 없었더라
12 그 여인이 그의 옷을 잡고 이르
되 나와 동침하자 그러나 요셉
이 자기의 옷을 그 여인의 손에
버려두고 밖으로 나가매
13 그 여인이 요셉이 그의 옷을 자
기 손에 버려두고 도망하여 나
감을 보고
14 그 여인의 집 사람들을 불러서
그들에게 이르되 보라 주인이
히브리 사람을 우리에게 데려다
가 우리를 희롱하게 하는도다
그가 나와 동침하고자 내게로
들어오므로 내가 크게 소리 질
렀더니
15 그가 나의 소리 질러 부름을 듣
고 그의 옷을 내게 버려두고 도
망하여 나갔느니라 하고
16 그의 옷을 곁에 두고 자기 주인
이 집으로 돌아오기를 기다려
17 이 말로 그에게 말하여 이르되
당신이 우리에게 데려온 히브리
종이 나를 희롱하려고 내게로
들어왔으므로

10

11

12

13

14

15

16

17

창39:18-23

18 내가 소리 질러 불렀더니 그가
그의 옷을 내게 버려두고 밖으
로 도망하여 나갔나이다

19 그의 주인이 자기 아내가 자기
에게 이르기를 당신의 종이 내
게 이같이 행하였다 하는 말을
듣고 심히 노한지라

20 이에 요셉의 주인이 그를 잡아
옥에 가두니 그 옥은 왕의 죄수
를 가두는 곳이었더라 요셉이
옥에 갇혔으나

21 여호와께서 요셉과 함께 하시고
그에게 인자를 더하사 간수장에
게 은혜를 받게 하시매

22 간수장이 옥중 죄수를 다 요셉
의 손에 맡기므로 그 제반 사무
를 요셉이 처리하고

23 간수장은 그의 손에 맡긴 것을
무엇이든지 살펴보지 아니하였
으니 이는 여호와께서 요셉과
함께 하심이라 여호와께서 그를
범사에 형통하게 하셨더라

창40:1-3

요셉이 관원장의 꿈을 해석하다

1 그 후에 애굽 왕의 술 맡은 자와
떡 굽는 자가 그들의 주인 애굽
왕에게 범죄한지라

2 바로가 그 두 관원장 곧 술 맡은
관원장과 떡 굽는 관원장에게
노하여

3 그들을 친위대장의 집 안에 있는
옥에 가두니 곧 요셉이 갇힌 곳
이라

18

19

20

21

22

23

[40장] 요셉이 관원장의 꿈을 해석하다

1

2

3

창세기

요셉 이야기 (37:1-50:26)

창40:4-11

4 친위대장이 요셉에게 그들을 수
종들게 하매 요셉이 그들을 섬
겼더라 그들이 갇힌 지 여러 날
이라

5 옥에 갇힌 애굽 왕의 술 맡은 자
와 떡 굽는 자 두 사람이 하룻밤
에 꿈을 꾸니 각기 그 내용이 다
르더라

6 아침에 요셉이 들어가 보니 그
들에게 근심의 빛이 있는지라

7 요셉이 그 주인의 집에 자기와
함께 갇힌 바로의 신하들에게
묻되 어찌하여 오늘 당신들의
얼굴에 근심의 빛이 있나이까

8 그들이 그에게 이르되 우리가 꿈
을 꾸었으나 이를 해석할 자가
없도다 요셉이 그들에게 이르되
해석은 하나님께 있지 아니하니
이까 청하건대 내게 이르소서

9 술 맡은 관원장이 그의 꿈을 요
셉에게 말하여 이르되 내가 꿈
에 보니 내 앞에 포도나무가 있
는데

10 그 나무에 세 가지가 있고 싹이
나서 꽃이 피고 포도송이가 익
었고

11 내 손에 바로의 잔이 있기로 내
가 포도를 따서 그 즙을 바로의
잔에 짜서 그 잔을 바로의 손에
드렸노라

4

5

6

7

8

9

10

11

년 월 일

창40:12-20

12 요셉이 그에게 이르되 그 해석이
이러하니 세 가지는 사흘이라

13 지금부터 사흘 안에 바로가 당
신의 머리를 들고 당신의 전직
을 회복시키리니 당신이 그 전
에 술 맡은 자가 되었을 때에 하
던 것 같이 바로의 잔을 그의 손
에 드리게 되리이다

14 당신이 잘 되시거든 나를 생각
하고 내게 은혜를 베풀어서 내
사정을 바로에게 아뢰어 이 집
에서 나를 건져 주소서

15 나는 히브리 땅에서 끌려온 자
요 여기서도 옥에 갇힐 일은 행
하지 아니하였나이다

16 떡 굽는 관원장이 그 해석이 좋
은 것을 보고 요셉에게 이르되
나도 꿈에 보니 흰 떡 세 광주리
가 내 머리에 있고

17 맨 윗광주리에 바로를 위하여
만든 각종 구운 음식이 있는데
새들이 내 머리의 광주리에서
그것을 먹더라

18 요셉이 대답하여 이르되 그 해
석은 이러하니 세 광주리는 사
흘이라

19 지금부터 사흘 안에 바로가 당
신의 머리를 들고 당신을 나무
에 달리니 새들이 당신의 고기
를 뜯어 먹으리이다 하더니

20 제삼일은 바로의 생일이라 바로
가 그의 모든 신하를 위하여 잔
치를 베풀 때에 술 맡은 관원장
과 떡 굽는 관원장에게 그의 신
하들 중에 머리를 들게 하니라

12

13

14

15

16

17

18

19

20

창40:21-23

21 바로의 술 맡은 관원장은 전직
을 회복하매 그가 잔을 바로의
손에 받들어 드렸고

22 떡 굽는 관원장은 매달리니 요
셉이 그들에게 해석함과 같이
되었으나

23 술 맡은 관원장이 요셉을 기억
하지 못하고 그를 잊었더라

창41:1-6

요셉이 바로의 꿈을 해석하다

1 만 이 년 후에 바로가 꿈을 꾼즉
자기가 나일 강 가에 서 있는데

2 보니 아름답고 살진 일곱 암소가
강 가에서 올라와 갈밭에서 뜯어
먹고

3 그 뒤에 또 흉하고 파리한 다른
일곱 암소가 나일 강 가에서 올
라와 그 소와 함께 나일 강 가에
서 있더니

4 그 흉하고 파리한 소가 그 아름
답고 살진 일곱 소를 먹은지라
바로가 곧 깨었다가

5 다시 잠이 들어 꿈을 꾸니 한 줄
기에 무성하고 충실한 일곱 이삭
이 나오고

6 그 후에 또 가늘고 동풍에 마른
일곱 이삭이 나오더니

21

22

23

[41장] 요셉이 바로의 꿈을 해석하다

1

2

3

4

5

6

창41:7-16

7 그 가는 일곱 이삭이 무성하고
충실한 일곱 이삭을 삼킨지라 바
로가 깬즉 꿈이라

8 아침에 그의 마음이 번민하여 사
람을 보내어 애굽의 점술가와 현
인들을 모두 불러 그들에게 그의
꿈을 말하였으나 그것을 바로에
게 해석하는 자가 없었더라

9 술 맡은 관원장이 바로에게 말하
여 이르되 내가 오늘 내 죄를 기
억하나이다

10 바로께서 종들에게 노하사 나와
떡 굽는 관원장을 친위대장의
집에 가두셨을 때에

11 나와 그가 하룻밤에 꿈을 꾼즉
각기 뜻이 있는 꿈이라

12 그 곳에 친위대장의 종 된 히브
리 청년이 우리와 함께 있기로
우리가 그에게 말하매 그가 우
리의 꿈을 풀되 그 꿈대로 각 사
람에게 해석하더니

13 그 해석한 대로 되어 나는 복직
되고 그는 매달렸나이다

14 이에 바로가 사람을 보내어 요
셉을 부르매 그들이 급히 그를
옥에서 내 놓은지라 요셉이 곧
수염을 깎고 그의 옷을 갈아 입
고 바로에게 들어가니

15 바로가 요셉에게 이르되 내가
한 꿈을 꾸었으나 그것을 해석
하는 자가 없더니 들은즉 너는
꿈을 들으면 능히 푼다 하더라

16 요셉이 바로에게 대답하여 이르
되 내가 아니라 하나님께서 바로
에게 편안한 대답을 하시리이다

7

8

9

10

11

12

13

14

15

16

창세기

요셉 이야기 (37:1-50:26)

창41:17-26

17 바로가 요셉에게 이르되 내가
꿈에 나일 강 가에 서서
18 보니 살지고 아름다운 일곱 암
소가 나일 강 가에 올라와 갈밭
에서 뜯어먹고
19 그 뒤에 또 약하고 심히 흉하고
파리한 일곱 암소가 올라오니
그같이 흉한 것들은 애굽 땅에
서 내가 아직 보지 못한 것이라
20 그 파리하고 흉한 소가 처음의
일곱 살진 소를 먹었으며
21 먹었으나 먹은 듯 하지 아니하
고 여전히 흉하더라 내가 곧 깨
었다가
22 다시 꿈에 보니 한 줄기에 무성
하고 충실한 일곱 이삭이 나오고
23 그 후에 또 가늘고 동풍에 마른
일곱 이삭이 나더니
24 그 가는 이삭이 좋은 일곱 이삭
을 삼키더라 내가 그 꿈을 점술
가에게 말하였으나 그것을 내게
풀이해 주는 자가 없느니라
25 요셉이 바로에게 아뢰되 바로의
꿈은 하나라 하나님이 그가 하실
일을 바로에게 보이심이니이다
26 일곱 좋은 암소는 일곱 해요 일
곱 좋은 이삭도 일곱 해니 그 꿈
은 하나라

17

18

19

20

21

22

23

24

25

26

년 월 일

창41:27-36

27 그 후에 올라온 파리하고 흉한
일곱 소는 칠 년이요 동풍에 말
라 속이 빈 일곱 이삭도 일곱 해
흉년이니

28 내가 바로에게 이르기를 하나님
이 그가 하실 일을 바로에게 보
이신다 함이 이것이라

29 온 애굽 땅에 일곱 해 큰 풍년이
있겠고

30 후에 일곱 해 흉년이 들므로 애
굽 땅에 있던 풍년을 다 잊어버
리게 되고 이 땅이 그 기근으로
망하리니

31 후에 든 그 흉년이 너무 심하므
로 이전 풍년을 이 땅에서 기억
하지 못하게 되리이다

32 바로께서 꿈을 두 번 겹쳐 꾸신
것은 하나님이 이 일을 정하셨음
이라 하나님이 속히 행하시리니

33 이제 바로께서는 명철하고 지혜
있는 사람을 택하여 애굽 땅을
다스리게 하시고

34 바로께서는 또 이같이 행하사
나라 안에 감독관들을 두어 그
일곱 해 풍년에 애굽 땅의 오분
의 일을 거두되

35 그들로 장차 올 풍년의 모든 곡
물을 거두고 그 곡물을 바로의
손에 돌려 양식을 위하여 각 성
읍에 쌓아 두게 하소서

36 이와 같이 그 곡물을 이 땅에 저
장하여 애굽 땅에 임할 일곱 해
흉년에 대비하시면 땅이 이 흉
년으로 말미암아 망하지 아니하
리이다

창세기

창41:37-44

요셉이 애굽의 총리가 되다

37 바로와 그의 모든 신하가 이 일
을 좋게 여긴지라

38 바로가 그의 신하들에게 이르되
이와 같이 하나님의 영에 감동
된 사람을 우리가 어찌 찾을 수
있으리요 하고

39 요셉에게 이르되 하나님이 이
모든 것을 네게 보이셨으니 너
와 같이 명철하고 지혜 있는 자
가 없도다

40 너는 내 집을 다스리라 내 백성
이 다 네 명령에 복종하리니 내
가 너보다 높은 것은 내 왕좌뿐
이니라

41 바로가 또 요셉에게 이르되 내
가 너를 애굽 온 땅의 총리가 되
게 하노라 하고

42 자기의 인장 반지를 빼어 요셉의
손에 끼우고 그에게 세마포 옷을
입히고 금 사슬을 목에 걸고

43 자기에게 있는 버금 수레에 그
를 태우매 무리가 그의 앞에서
소리 지르기를 엎드리라 하더라
바로가 그에게 애굽 전국을 총
리로 다스리게 하였더라

44 바로가 요셉에게 이르되 나는
바로라 애굽 온 땅에서 네 허락
이 없이는 수족을 놀릴 자가 없
으리라 하고

요셉 이야기 (37:1-50:26)

요셉이 애굽의 총리가 되다

37

38

39

40

41

42

43

44

년 월 일

창41:45-54

45 그가 요셉의 이름을 사브낫바네
아라 하고 또 온의 제사장 보디
베라의 딸 아스낫을 그에게 주
어 아내로 삼게 하니라 요셉이
나가 애굽 온 땅을 순찰하니라

46 요셉이 애굽 왕 바로 앞에 설 때
에 삼십 세라 그가 바로 앞을 떠
나 애굽 온 땅을 순찰하니

47 일곱 해 풍년에 토지 소출이 심
히 많은지라

48 요셉이 애굽 땅에 있는 그 칠 년
곡물을 거두어 각 성에 저장하
되 각 성읍 주위의 밭의 곡물을
그 성읍 중에 쌓아 두매

49 쌓아 둔 곡식이 바다 모래 같이
심히 많아 세기를 그쳤으니 그
수가 한이 없음이었더라

50 흉년이 들기 전에 요셉에게 두
아들이 나되 곧 온의 제사장 보
디베라의 딸 아스낫이 그에게서
낳은지라

51 요셉이 그의 장남의 이름을 므낫
세라 하였으니 하나님이 내게 내
모든 고난과 내 아버지의 온 집
일을 잊어버리게 하셨다 함이요

52 차남의 이름을 에브라임이라 하
였으니 하나님이 나를 내가 수
고한 땅에서 번성하게 하셨다
함이었더라

53 애굽 땅에 일곱 해 풍년이 그치고

54 요셉의 말과 같이 일곱 해 흉년
이 들기 시작하매 각국에는 기
근이 있으나 애굽 온 땅에는 먹
을 것이 있더니

45

46

47

48

49

50

51

52

53

54

창세기

요셉 이야기 (37:1-50:26)

창41:55-57

55 애굽 온 땅이 굶주리매 백성이 바
로에게 부르짖어 양식을 구하는
지라 바로가 애굽 모든 백성에게
이르되 요셉에게 가서 그가 너희
에게 이르는 대로 하라 하니라

56 온 지면에 기근이 있으매 요셉
이 모든 창고를 열고 애굽 백성
에게 팔새 애굽 땅에 기근이 심
하며

57 각국 백성도 양식을 사려고 애
굽으로 들어와 요셉에게 이르렀
으니 기근이 온 세상에 심함이
었더라

창42:1-4

요셉의 형들이 애굽으로 가다

1 그 때에 야곱이 애굽에 곡식이
있음을 보고 아들들에게 이르되
너희는 어찌하여 서로 바라보고
만 있느냐

2 야곱이 또 이르되 내가 들은즉
저 애굽에 곡식이 있다 하니 너
희는 그리로 가서 거기서 우리를
위하여 사오라 그러면 우리가 살
고 죽지 아니하리라 하매

3 요셉의 형 열 사람이 애굽에서
곡식을 사려고 내려갔으나

4 야곱이 요셉의 아우 베냐민은 그
의 형들과 함께 보내지 아니하였
으니 이는 그의 생각에 재난이 그
에게 미칠까 두려워함이었더라

55

56

57

[42장] 요셉의 형들이 애굽으로 가다

1

2

3

4

창42:5-13

5 이스라엘의 아들들이 양식 사러
간 자 중에 있으니 가나안 땅에
기근이 있음이라

6 때에 요셉이 나라의 총리로서 그
땅 모든 백성에게 곡식을 팔더니
요셉의 형들이 와서 그 앞에서
땅에 엎드려 절하매

7 요셉이 보고 형들인 줄을 아나
모르는 체하고 엄한 소리로 그들
에게 말하여 이르되 너희가 어디
서 왔느냐 그들이 이르되 곡물을
사려고 가나안에서 왔나이다

8 요셉은 그의 형들을 알아보았으
나 그들은 요셉을 알아보지 못하
더라

9 요셉이 그들에게 대하여 꾼 꿈을
생각하고 그들에게 이르되 너희
는 정탐꾼들이라 이 나라의 틈을
엿보려고 왔느니라

10 그들이 그에게 이르되 내 주여
아니니이다 당신의 종들은 곡물
을 사러 왔나이다

11 우리는 다 한 사람의 아들들로
서 확실한 자들이니 당신의 종
들은 정탐꾼이 아니니이다

12 요셉이 그들에게 이르되 아니라
너희가 이 나라의 틈을 엿보러
왔느니라

13 그들이 이르되 당신의 종 우리
들은 열두 형제로서 가나안 땅
한 사람의 아들들이라 막내 아
들은 오늘 아버지와 함께 있고
또 하나는 없어졌나이다

5

6

7

8

9

10

11

12

13

창세기

요셉 이야기 (37:1-50:26)

창42:14-20

14 요셉이 그들에게 이르되 내가
너희에게 이르기를 너희는 정탐
꾼들이라 한 말이 이것이니라
15 너희는 이같이 하여 너희 진실
함을 증명할 것이라 바로의 생
명으로 맹세하노니 너희 막내
아우가 여기 오지 아니하면 너
희가 여기서 나가지 못하리라
16 너희 중 하나를 보내어 너희 아
우를 데려오게 하고 너희는 갇
히어 있으라 내가 너희의 말을
시험하여 너희 중에 진실이 있
는지 보리라 바로의 생명으로
맹세하노니 그리하지 아니하면
너희는 과연 정탐꾼이니라 하고
17 그들을 다 함께 삼 일을 가두었
더라
18 사흘 만에 요셉이 그들에게 이
르되 나는 하나님을 경외하노니
너희는 이같이 하여 생명을 보
전하라
19 너희가 확실한 자들이면 너희
형제 중 한 사람만 그 옥에 갇히
게 하고 너희는 곡식을 가지고
가서 너희 집안의 굶주림을 구
하고
20 너희 막내 아우를 내게로 데리
고 오라 그러면 너희 말이 진
실함이 되고 너희가 죽지 아니
하리라 하니 그들이 그대로 하
니라

14

15

16

17

18

19

20

창42:21-28

21 그들이 서로 말하되 우리가 아
우의 일로 말미암아 범죄하였도
다 그가 우리에게 애걸할 때에
그 마음의 괴로움을 보고도 듣
지 아니하였으므로 이 괴로움이
우리에게 임하도다

22 르우벤이 그들에게 대답하여 이
르되 내가 너희에게 그 아이에
대하여 죄를 짓지 말라고 하지
아니하였더냐 그래도 너희가 듣
지 아니하였느니라 그러므로 그
의 핏값을 치르게 되었도다 하니

23 그들 사이에 통역을 세웠으므로
그들은 요셉이 듣는 줄을 알지
못하였더라

24 요셉이 그들을 떠나가서 울고
다시 돌아와서 그들과 말하다가
그들 중에서 시므온을 끌어내어
그들의 눈 앞에서 결박하고

25 명하여 곡물을 그 그릇에 채우
게 하고 각 사람의 돈은 그의 자
루에 도로 넣게 하고 또 길 양식
을 그들에게 주게 하니 그대로
행하였더라

요셉의 형들이 가나안으로 돌아오다

26 그들이 곡식을 나귀에 싣고 그
곳을 떠났더니

27 한 사람이 여관에서 나귀에게 먹
이를 주려고 자루를 풀고 본즉
그 돈이 자루 아귀에 있는지라

28 그가 그 형제에게 말하되 내 돈
을 도로 넣었도다 보라 자루 속
에 있도다 이에 그들이 혼이 나
서 떨며 서로 돌아보며 말하되
하나님이 어찌하여 이런 일을
우리에게 행하셨는가 하고

21

22

23

24

25

요셉의 형들이 가나안으로 돌아오다

26

27

28

창세기

요셉 이야기 (37:1-50:26)

창42:29-35

29 그들이 가나안 땅에 돌아와 그
들의 아버지 야곱에게 이르러
그들이 당한 일을 자세히 알리
어 아뢰되

30 그 땅의 주인인 그 사람이 엄하
게 우리에게 말씀하고 우리를
그 땅에 대한 정탐꾼으로 여기
기로

31 우리가 그에게 이르되 우리는
확실한 자들이요 정탐꾼이 아니
니이다

32 우리는 한 아버지의 아들 열두
형제로서 하나는 없어지고 막내
는 오늘 우리 아버지와 함께 가
나안 땅에 있나이다 하였더니

33 그 땅의 주인인 그 사람이 우리
에게 이르되 내가 이같이 하여
너희가 확실한 자들임을 알리니
너희 형제 중의 하나를 내게 두
고 양식을 가지고 가서 너희 집
안의 굶주림을 구하고

34 너희 막내 아우를 내게로 데려
오라 그러면 너희가 정탐꾼이
아니요 확실한 자들임을 내가
알고 너희 형제를 너희에게 돌
리리니 너희가 이 나라에서 무
역하리라 하더이다 하고

35 각기 자루를 쏟고 본즉 각 사람
의 돈뭉치가 그 자루 속에 있는
지라 그들과 그들의 아버지가
돈뭉치를 보고 다 두려워하더니

29

30

31

32

33

34

35

창42:36-38

36 그들의 아버지 야곱이 그들에게
이르되 너희가 나에게 내 자식
들을 잃게 하도다 요셉도 없어
졌고 시므온도 없어졌거늘 베냐
민을 또 빼앗아 가고자 하니 이
는 다 나를 해롭게 함이로다

37 르우벤이 그의 아버지에게 말하
여 이르되 내가 그를 아버지께
로 데리고 오지 아니하거든 내
두 아들을 죽이소서 그를 내 손
에 맡기소서 내가 그를 아버지
께로 데리고 돌아오리이다

38 야곱이 이르되 내 아들은 너희
와 함께 내려가지 못하리니 그
의 형은 죽고 그만 남았음이라
만일 너희가 가는 길에서 재난
이 그에게 미치면 너희가 내 흰
머리를 슬퍼하며 스올로 내려가
게 함이 되리라

창43:1-4

형들이 베냐민을 데리고 애굽으로 가다

1 그 땅에 기근이 심하고

2 그들이 애굽에서 가져온 곡식을
다 먹으매 그 아버지가 그들에게
이르되 다시 가서 우리를 위하여
양식을 조금 사오라

3 유다가 아버지에게 말하여 이르
되 그 사람이 우리에게 엄히 경고
하여 이르되 너희 아우가 너희와
함께 오지 아니하면 너희가 내 얼
굴을 보지 못하리라 하였으니

4 아버지께서 우리 아우를 우리
와 함께 보내시면 우리가 내려
가서 아버지를 위하여 양식을
사려니와

36

37

38

[43장] 형들이 베냐민을 데리고 애굽으로 가다

1

2

3

4

창세기

요셉 이야기 (37:1-50:26)

창43:5-9

5 아버지께서 만일 그를 보내지 아
니하시면 우리는 내려가지 아니
하리니 그 사람이 우리에게 말하
기를 너희의 아우가 너희와 함께
오지 아니하면 너희가 내 얼굴을
보지 못하리라 하였음이니이다
6 이스라엘이 이르되 너희가 어찌
하여 너희에게 또 다른 아우가
있다고 그 사람에게 말하여 나를
괴롭게 하였느냐
7 그들이 이르되 그 사람이 우리와
우리의 친족에 대하여 자세히 질
문하여 이르기를 너희 아버지가
아직 살아 계시느냐 너희에게 아
우가 있느냐 하기로 그 묻는 말
에 따라 그에게 대답한 것이니
그가 너희의 아우를 데리고 내려
오라 할 줄을 우리가 어찌 알았
으리이까
8 유다가 그의 아버지 이스라엘에
게 이르되 저 아이를 나와 함께
보내시면 우리가 곧 가리니 그러
면 우리와 아버지와 우리 어린
아이들이 다 살고 죽지 아니하리
이다
9 내가 그를 위하여 담보가 되오리
니 아버지께서 내 손에서 그를
찾으소서 내가 만일 그를 아버지
께 데려다가 아버지 앞에 두지
아니하면 내가 영원히 죄를 지리
이다

5

6

7

8

9

년 월 일

창43:10-17

10 우리가 지체하지 아니하였더라
면 벌써 두 번 갔다 왔으리이다

11 그들의 아버지 이스라엘이 그들
에게 이르되 그러할진대 이렇게
하라 너희는 이 땅의 아름다운
소산을 그릇에 담아가지고 내려
가서 그 사람에게 예물로 드릴
지니 곧 유향 조금과 꿀 조금과
향품과 몰약과 유향나무 열매와
감복숭아이니라

12 너희 손에 갑절의 돈을 가지고
너희 자루 아귀에 도로 넣어져
있던 그 돈을 다시 가지고 가라
혹 잘못이 있었을까 두렵도다

13 네 아우도 데리고 떠나 다시 그
사람에게로 가라

14 전능하신 하나님께서 그 사람
앞에서 너희에게 은혜를 베푸사
그 사람으로 너희 다른 형제와
베냐민을 돌려보내게 하시기를
원하노라 내가 자식을 잃게 되
면 잃으리로다

15 그 형제들이 예물을 마련하고
갑절의 돈을 자기들의 손에 가
지고 베냐민을 데리고 애굽에
내려가서 요셉 앞에 서니라

16 요셉은 베냐민이 그들과 함께
있음을 보고 자기의 청지기에게
이르되 이 사람들을 집으로 인
도해 들이고 짐승을 잡고 준비
하라 이 사람들이 정오에 나와
함께 먹을 것이니라

17 청지기가 요셉의 명대로 하여
그 사람들을 요셉의 집으로 인
도하니

10

11

12

13

14

15

16

17

창세기

요셉 이야기 (37:1-50:26)

창43:18-24

18 그 사람들이 요셉의 집으로 인
도되매 두려워하여 이르되 전번
에 우리 자루에 들어 있던 돈의
일로 우리가 끌려드는도다 이는
우리를 억류하고 달려들어 우리
를 잡아 노예로 삼고 우리의 나
귀를 빼앗으려 함이로다 하고

19 그들이 요셉의 집 청지기에게
가까이 나아가 그 집 문 앞에서
그에게 말하여

20 이르되 내 주여 우리가 전번에
내려와서 양식을 사가지고

21 여관에 이르러 자루를 풀어본즉
각 사람의 돈이 전액 그대로 자
루 아귀에 있기로 우리가 도로
가져왔고

22 양식 살 다른 돈도 우리가 가지
고 내려왔나이다 우리의 돈을
우리 자루에 넣은 자는 누구인
지 우리가 알지 못하나이다

23 그가 이르되 너희는 안심하라
두려워하지 말라 너희 하나님,
너희 아버지의 하나님이 재물을
너희 자루에 넣어 너희에게 주
신 것이니라 너희 돈은 내가 이
미 받았느니라 하고 시므온을
그들에게로 이끌어내고

24 그들을 요셉의 집으로 인도하고
물을 주어 발을 씻게 하며 그들
의 나귀에게 먹이를 주더라

18

19

20

21

22

23

24

년 월 일

창43:25-33

25 그들이 거기서 음식을 먹겠다
함을 들었으므로 예물을 정돈하
고 요셉이 정오에 오기를 기다
리더니

26 요셉이 집으로 오매 그들이 집
으로 들어가서 예물을 그에게
드리고 땅에 엎드려 절하니

27 요셉이 그들의 안부를 물으며
이르되 너희 아버지 너희가 말
하던 그 노인이 안녕하시냐 아
직도 생존해 계시느냐

28 그들이 대답하되 주의 종 우리
아버지가 평안하고 지금까지 생
존하였나이다 하고 머리 숙여
절하더라

29 요셉이 눈을 들어 자기 어머니
의 아들 자기 동생 베냐민을 보
고 이르되 너희가 내게 말하던
너희 작은 동생이 이 아이냐 그
가 또 이르되 소자여 하나님이
네게 은혜 베푸시기를 원하노라

30 요셉이 아우를 사랑하는 마음이
복받쳐 급히 울 곳을 찾아 안방
으로 들어가서 울고

31 얼굴을 씻고 나와서 그 정을 억
제하고 음식을 차리라 하매

32 그들이 요셉에게 따로 차리고
그 형제들에게 따로 차리고 그
와 함께 먹는 애굽 사람에게도
따로 차리니 애굽 사람은 히브
리 사람과 같이 먹으면 부정을
입음이었더라

33 그들이 요셉 앞에 앉되 그들의
나이에 따라 앉히게 되니 그들
이 서로 이상히 여겼더라

창세기

■ 요셉 이야기 (37:1-50:26)

창43:34

34 요셉이 자기 음식을 그들에게 주되 베냐민에게는 다른 사람보다 다섯 배나 주매 그들이 마시며 요셉과 함께 즐거워하였더라

창44:1-6

은잔이 없어지다

1 요셉이 그의 집 청지기에게 명하여 이르되 양식을 각자의 자루에 운반할 수 있을 만큼 채우고 각자의 돈을 그 자루에 넣고

2 또 내 잔 곧 은잔을 그 청년의 자루 아귀에 넣고 그 양식 값 돈도 함께 넣으라 하매 그가 요셉의 명령대로 하고

3 아침이 밝을 때에 사람들과 그들의 나귀들을 보내니라

4 그들이 성읍에서 나가 멀리 가기 전에 요셉이 청지기에게 이르되 일어나 그 사람들의 뒤를 따라가서 그들에게 이르기를 너희가 어찌하여 선을 악으로 갚느냐

5 이것은 내 주인이 가지고 마시며 늘 점치는 데에 쓰는 것이 아니냐 너희가 이같이 하니 악하도다 하라

6 청지기가 그들에게 따라 가서 그대로 말하니

34

[44장] 은잔이 없어지다

1

2

3

4

5

6

창44:7-15

7 그들이 그에게 대답하되 내 주여
어찌 이렇게 말씀하시나이까 당
신의 종들이 이런 일은 결단코
아니하나이다

8 우리 자루에 있던 돈도 우리가
가나안 땅에서부터 당신에게로
가져왔거늘 우리가 어찌 당신의
주인의 집에서 은 금을 도둑질하
리이까

9 당신의 종들 중 누구에게서 발견
되든지 그는 죽을 것이요 우리는
내 주의 종들이 되리이다

10 그가 이르되 그러면 너희의 말
과 같이 하리라 그것이 누구에
게서든지 발견되면 그는 내게
종이 될 것이요 너희는 죄가 없
으리라

11 그들이 각각 급히 자루를 땅에
내려놓고 자루를 각기 푸니

12 그가 나이 많은 자에게서부터
시작하여 나이 적은 자에게까지
조사하매 그 잔이 베냐민의 자
루에서 발견된지라

13 그들이 옷을 찢고 각기 짐을 나
귀에 싣고 성으로 돌아 가니라

유다가 베냐민을 위하여 인질을 청하다

14 유다와 그의 형제들이 요셉의
집에 이르니 요셉이 아직 그 곳
에 있는지라 그의 앞에서 땅에
엎드리니

15 요셉이 그들에게 이르되 너희가
어찌하여 이런 일을 행하였느냐
나 같은 사람이 점을 잘 치는 줄
을 너희는 알지 못하였느냐

7

8

9

10

11

12

13

유다가 베냐민을 위하여 인질을 청하다

14

15

창세기

요셉 이야기 (37:1-50:26)

창44:16-21

16 유다가 말하되 우리가 내 주께 무
슨 말을 하오리이까 무슨 설명을
하오리이까 우리가 어떻게 우리
의 정직함을 나타내리이까 하나
님이 종들의 죄악을 찾아내셨으
니 우리와 이 잔이 발견된 자가
다 내 주의 노예가 되겠나이다

17 요셉이 이르되 내가 결코 그리
하지 아니하리라 잔이 그 손에
서 발견된 자만 내 종이 되고 너
희는 평안히 너희 아버지께로
도로 올라갈 것이니라

18 유다가 그에게 가까이 가서 이
르되 내 주여 원하건대 당신의
종에게 내 주의 귀에 한 말씀을
아뢰게 하소서 주의 종에게 노
하지 마소서 주는 바로와 같으
심이니이다

19 이전에 내 주께서 종들에게 물
으시되 너희는 아버지가 있느냐
아우가 있느냐 하시기에

20 우리가 내 주께 아뢰되 우리에
게 아버지가 있으니 노인이요
또 그가 노년에 얻은 아들 청년
이 있으니 그의 형은 죽고 그의
어머니가 남긴 것은 그뿐이므로
그의 아버지가 그를 사랑하나이
다 하였더니

21 주께서 또 종들에게 이르시되
그를 내게로 데리고 내려와서
내가 그를 보게 하라 하시기로

16

17

18

19

20

21

창44:22-30

22 우리가 내 주께 말씀드리기를
그 아이는 그의 아버지를 떠나
지 못할지니 떠나면 그의 아버
지가 죽겠나이다

23 주께서 또 주의 종들에게 말씀
하시되 너희 막내 아우가 너희
와 함께 내려오지 아니하면 너
희가 다시 내 얼굴을 보지 못하
리라 하시기로

24 우리가 주의 종 우리 아버지에
게로 도로 올라가서 내 주의 말
씀을 그에게 아뢰었나이다

25 그 후에 우리 아버지가 다시 가
서 곡물을 조금 사오라 하시기로

26 우리가 이르되 우리가 내려갈
수 없나이다 우리 막내 아우가
함께 가면 내려가려니와 막내
아우가 우리와 함께 가지 아니
하면 그 사람의 얼굴을 볼 수 없
음이니이다

27 주의 종 우리 아버지가 우리에게
이르되 너희도 알거니와 내 아내
가 내게 두 아들을 낳았으나

28 하나는 내게서 나갔으므로 내가
말하기를 틀림없이 찢겨 죽었다
하고 내가 지금까지 그를 보지
못하거늘

29 너희가 이 아이도 내게서 데려
가려하니 만일 재해가 그 몸에
미치면 나의 흰 머리를 슬퍼하며
스올로 내려가게 하리라 하니

30 아버지의 생명과 아이의 생명이
서로 하나로 묶여 있거늘 이제
내가 주의 종 우리 아버지에게
돌아갈 때에 아이가 우리와 함
께 가지 아니하면

년 월 일

22

23

24

25

26

27

28

29

30

창세기

요셉 이야기 (37:1-50:26)

창44:31-34

31 아버지가 아이의 없음을 보고 죽으리니 이같이 되면 종들이 주의 종 우리 아버지가 흰 머리로 슬퍼하며 스올로 내려가게 함이니이다

32 주의 종이 내 아버지에게 아이를 담보하기를 내가 이를 아버지께로 데리고 돌아오지 아니하면 영영히 아버지께 죄짐을 지리이다 하였사오니

33 이제 주의 종으로 그 아이를 대신하여 머물러 있어 내 주의 종이 되게 하시고 그 아이는 그의 형제들과 함께 올려 보내소서

34 그 아이가 나와 함께 가지 아니하면 내가 어찌 내 아버지에게로 올라갈 수 있으리이까 두렵건대 재해가 내 아버지에게 미침을 보리이다

창45:1-2

요셉이 형제들에게 자기를 밝히다

1 요셉이 시종하는 자들 앞에서 그 정을 억제하지 못하여 소리 질러 모든 사람을 자기에게서 물러가라 하고 그 형제들에게 자기를 알리니 그 때에 그와 함께 한 다른 사람이 없었더라

2 요셉이 큰 소리로 우니 애굽 사람에게 들리며 바로의 궁중에 들리더라

31

32

33

34

[45장] 요셉이 형제들에게 자기를 밝히다

1

2

창45:3-10

3 요셉이 그 형들에게 이르되 나는
요셉이라 내 아버지께서 아직 살
아 계시니이까 형들이 그 앞에서
놀라서 대답하지 못하더라

4 요셉이 형들에게 이르되 내게로
가까이 오소서 그들이 가까이 가
니 이르되 나는 당신들의 아우 요
셉이니 당신들이 애굽에 판 자라

5 당신들이 나를 이 곳에 팔았다고
해서 근심하지 마소서 한탄하지
마소서 하나님이 생명을 구원하
시려고 나를 당신들보다 먼저 보
내셨나이다

6 이 땅에 이 년 동안 흉년이 들었
으나 아직 오 년은 밭갈이도 못
하고 추수도 못할지라

7 하나님이 큰 구원으로 당신들의
생명을 보존하고 당신들의 후손
을 세상에 두시려고 나를 당신들
보다 먼저 보내셨나니

8 그런즉 나를 이리로 보낸 이는
당신들이 아니요 하나님이시라
하나님이 나를 바로에게 아버지
로 삼으시고 그 온 집의 주로 삼
으시며 애굽 온 땅의 통치자로
삼으셨나이다

9 당신들은 속히 아버지께로 올라
가서 아뢰기를 아버지의 아들 요
셉의 말에 하나님이 나를 애굽
전국의 주로 세우셨으니 지체 말
고 내게로 내려오사

10 아버지의 아들들과 아버지의 손
자들과 아버지의 양과 소와 모
든 소유가 고센 땅에 머물며 나
와 가깝게 하소서

3

4

5

6

7

8

9

10

창세기

요셉 이야기 (37:1-50:26)

창45:11-18

11 흉년이 아직 다섯 해가 있으니
내가 거기서 아버지를 봉양하리
이다 아버지와 아버지의 가족과
아버지께 속한 모든 사람에게
부족함이 없도록 하겠나이다 하
더라고 전하소서

12 당신들의 눈과 내 아우 베냐민
의 눈이 보는 바 당신들에게 이
말을 하는 것은 내 입이라

13 당신들은 내가 애굽에서 누리는
영화와 당신들이 본 모든 것을
다 내 아버지께 아뢰고 속히 모
시고 내려오소서 하며

14 자기 아우 베냐민의 목을 안고
우니 베냐민도 요셉의 목을 안
고 우니라

15 요셉이 또 형들과 입맞추며 안
고 우니 형들이 그제서야 요셉
과 말하니라

16 요셉의 형들이 왔다는 소문이
바로의 궁에 들리매 바로와 그
의 신하들이 기뻐하고

17 바로는 요셉에게 이르되 네 형
들에게 명령하기를 너희는 이렇
게 하여 너희 양식을 싣고 가서
가나안 땅에 이르거든

18 너희 아버지와 너희 가족을 이
끌고 내게로 오라 내가 너희에
게 애굽의 좋은 땅을 주리니 너
희가 나라의 기름진 것을 먹으
리라

11

12

13

14

15

16

17

18

창45:19-27

19 이제 명령을 받았으니 이렇게 하
라 너희는 애굽 땅에서 수레를
가져다가 너희 자녀와 아내를 태
우고 너희 아버지를 모셔 오라

20 또 너희의 기구를 아끼지 말라
온 애굽 땅의 좋은 것이 너희 것
임이니라

21 이스라엘의 아들들이 그대로 할
새 요셉이 바로의 명령대로 그
들에게 수레를 주고 길 양식을
주며

22 또 그들에게 다 각기 옷 한 벌씩
을 주되 베냐민에게는 은 삼백
과 옷 다섯 벌을 주고

23 그가 또 이와 같이 그 아버지에
게 보내되 수나귀 열 필에 애굽
의 아름다운 물품을 실리고 암
나귀 열 필에는 아버지에게 길
에서 드릴 곡식과 떡과 양식을
실리고

24 이에 형들을 돌려보내며 그들에
게 이르되 당신들은 길에서 다
투지 말라 하였더라

25 그들이 애굽에서 올라와 가나안
땅으로 들어가서 아버지 야곱에
게 이르러

26 알리어 이르되 요셉이 지금까지
살아 있어 애굽 땅 총리가 되었
더이다 야곱이 그들의 말을 믿
지 못하여 어리둥절 하더니

27 그들이 또 요셉이 자기들에게
부탁한 모든 말로 그에게 말하
매 그들의 아버지 야곱은 요셉
이 자기를 태우려고 보낸 수레
를 보고서야 기운이 소생한지라

19

20

21

22

23

24

25

26

27

창세기

■ 요셉 이야기 (37:1-50:26)

창45:28

28 이스라엘이 이르되 족하도다 내 아들 요셉이 지금까지 살아 있으니 내가 죽기 전에 가서 그를 보리라 하니라

창46:1-5

야곱 가족이 애굽으로 내려가다

1 이스라엘이 모든 소유를 이끌고 떠나 브엘세바에 이르러 그의 아버지 이삭의 하나님께 희생제사를 드리니

2 그 밤에 하나님이 이상 중에 이스라엘에게 나타나 이르시되 야곱아 야곱아 하시는지라 야곱이 이르되 내가 여기 있나이다 하매

3 하나님이 이르시되 나는 하나님이라 네 아버지의 하나님이니 애굽으로 내려가기를 두려워하지 말라 내가 거기서 너로 큰 민족을 이루게 하리라

4 내가 너와 함께 애굽으로 내려가겠고 반드시 너를 인도하여 다시 올라올 것이며 요셉이 그의 손으로 네 눈을 감기리라 하셨더라

5 야곱이 브엘세바에서 떠날새 이스라엘의 아들들이 바로가 그를 태우려고 보낸 수레에 자기들의 아버지 야곱과 자기들의 처자들을 태우고

28

[46장] 야곱 가족이 애굽으로 내려가다

1

2

3

4

5

창46:6-16

6 그들의 가축과 가나안 땅에서 얻
은 재물을 이끌었으며 야곱과 그
의 자손들이 다함께 애굽으로 갔
더라

7 이와 같이 야곱이 그 아들들과
손자들과 딸들과 손녀들 곧 그의
모든 자손을 데리고 애굽으로 갔
더라

8 애굽으로 내려간 이스라엘 가족
의 이름은 이러하니라 야곱과 그
의 아들들 곧 야곱의 맏아들 르
우벤과

9 르우벤의 아들 하녹과 발루와 헤
스론과 갈미요

10 시므온의 아들은 여무엘과 야민
과 오핫과 야긴과 스할과 가나
안 여인의 아들 사울이요

11 레위의 아들은 게르손과 그핫과
므라리요

12 유다의 아들 곧 엘과 오난과 셀
라와 베레스와 세라니 엘과 오난
은 가나안 땅에서 죽었고 베레스
의 아들은 헤스론과 하물이요

13 잇사갈의 아들은 돌라와 부와와
욥과 시므론이요

14 스불론의 아들은 세렛과 엘론과
얄르엘이니

15 이들은 레아가 밧단아람에서 야
곱에게 난 자손들이라 그 딸 디
나를 합하여 남자와 여자가 삼
십삼 명이며

16 갓의 아들은 시뵨과 학기와 수
니와 에스본과 에리와 아로디와
아렐리요

6

7

8

9

10

11

12

13

14

15

16

창세기

요셉 이야기 (37:1-50:26)

창46:17-26

17 아셀의 아들은 임나와 이스와와 이스위와 브리아와 그들의 누이 세라며 또 브리아의 아들은 헤벨과 말기엘이니

18 이들은 라반이 그의 딸 레아에게 준 실바가 야곱에게 낳은 자손들이니 모두 십육 명이라

19 야곱의 아내 라헬의 아들 곧 요셉과 베냐민이요

20 애굽 땅에서 온의 제사장 보디베라의 딸 아스낫이 요셉에게 낳은 므낫세와 에브라임이요

21 베냐민의 아들 곧 벨라와 베겔과 아스벨과 게라와 나아만과 에히와 로스와 뭅빔과 훕빔과 아릇이니

22 이들은 라헬이 야곱에게 낳은 자손들이니 모두 십사 명이요

23 단의 아들 후심이요

24 납달리의 아들 곧 야스엘과 구니와 예셀과 실렘이라

25 이들은 라반이 그의 딸 라헬에게 준 빌하가 야곱에게 낳은 자손들이니 모두 칠 명이라

26 야곱과 함께 애굽에 들어간 자는 야곱의 며느리들 외에 육십육 명이니 이는 다 야곱의 몸에서 태어난 자이며

17

18

19

20

21

22

23

24

25

26

년 월 일

창46:27-34

27 애굽에서 요셉이 낳은 아들은 두 명이니 야곱의 집 사람으로 애굽에 이른 자가 모두 칠십 명이었더라

야곱 일행이 애굽에 이르다

28 야곱이 유다를 요셉에게 미리 보내어 자기를 고센으로 인도하게 하고 다 고센 땅에 이르니

29 요셉이 그의 수레를 갖추고 고센으로 올라가서 그의 아버지 이스라엘을 맞으며 그에게 보이고 그의 목을 어긋맞춰 안고 얼마 동안 울매

30 이스라엘이 요셉에게 이르되 네가 지금까지 살아 있고 내가 네 얼굴을 보았으니 지금 죽어도 족하도다

31 요셉이 그의 형들과 아버지의 가족에게 이르되 내가 올라가서 바로에게 아뢰어 이르기를 가나안 땅에 있던 내 형들과 내 아버지의 가족이 내게로 왔는데

32 그들은 목자들이라 목축하는 사람들이므로 그들의 양과 소와 모든 소유를 이끌고 왔나이다 하리니

33 바로가 당신들을 불러서 너희의 직업이 무엇이냐 묻거든

34 당신들은 이르기를 주의 종들은 어렸을 때부터 지금까지 목축하는 자들이온데 우리와 우리 선조가 다 그러하니이다 하소서 애굽 사람은 다 목축을 가증히 여기나니 당신들이 고센 땅에 살게 되리이다

27

야곱 일행이 애굽에 이르다

28

29

30

31

32

33

34

창세기

■ 요셉 이야기 (37:1-50:26)

창47:1-8

1 요셉이 바로에게 가서 고하여 이
르되 내 아버지와 내 형들과 그
들의 양과 소와 모든 소유가 가
나안 땅에서 와서 고센 땅에 있
나이다 하고

2 그의 형들 중 다섯 명을 택하여
바로에게 보이니

3 바로가 요셉의 형들에게 묻되 너
희 생업이 무엇이냐 그들이 바로
에게 대답하되 종들은 목자이온
데 우리와 선조가 다 그러하니이
다 하고

4 그들이 또 바로에게 고하되 가
나안 땅에 기근이 심하여 종들
의 양 떼를 칠 곳이 없기로 종들
이 이 곳에 거류하고자 왔사오니
원하건대 종들로 고센 땅에 살게
하소서

5 바로가 요셉에게 말하여 이르되
네 아버지와 형들이 네게 왔은즉

6 애굽 땅이 네 앞에 있으니 땅의
좋은 곳에 네 아버지와 네 형들
이 거주하게 하되 그들이 고센
땅에 거주하고 그들 중에 능력
있는 자가 있거든 그들로 내 가
축을 관리하게 하라

7 요셉이 자기 아버지 야곱을 인도
하여 바로 앞에 서게 하니 야곱
이 바로에게 축복하매

8 바로가 야곱에게 묻되 네 나이가
얼마냐

[47장]

1

2

3

4

5

6

7

8

창47:9-16

9 야곱이 바로에게 아뢰되 내 나그
네 길의 세월이 백삼십 년이니이
다 내 나이가 얼마 못 되니 우리
조상의 나그네 길의 연조에 미치
지 못하나 험악한 세월을 보내었
나이다 하고

10 야곱이 바로에게 축복하고 그
앞에서 나오니라

11 요셉이 바로의 명령대로 그의
아버지와 그의 형들에게 거주할
곳을 주되 애굽의 좋은 땅 라암
셋을 그들에게 주어 소유로 삼
게 하고

12 또 그의 아버지와 그의 형들과
그의 아버지의 온 집에 그 식구
를 따라 먹을 것을 주어 봉양하
였더라

기근이 더욱 심해지다

13 기근이 더욱 심하여 사방에 먹
을 것이 없고 애굽 땅과 가나안
땅이 기근으로 황폐하니

14 요셉이 곡식을 팔아 애굽 땅과
가나안 땅에 있는 돈을 모두 거
두어들이고 그 돈을 바로의 궁
으로 가져가니

15 애굽 땅과 가나안 땅에 돈이 떨
어진지라 애굽 백성이 다 요셉
에게 와서 이르되 돈이 떨어졌
사오니 우리에게 먹을 거리를
주소서 어찌 주 앞에서 죽으리
이까

16 요셉이 이르되 너희의 가축을
내라 돈이 떨어졌은즉 내가 너
희의 가축과 바꾸어 주리라

9

10

11

12

기근이 더욱 심해지다

13

14

15

16

창세기

요셉 이야기 (37:1-50:26)

창47:17-21

17 그들이 그들의 가축을 요셉에
게 끌어오는지라 요셉이 그 말
과 양 떼와 소 떼와 나귀를 받
고 그들에게 먹을 것을 주되 곧
그 모든 가축과 바꾸어서 그 해
동안에 먹을 것을 그들에게 주
니라

18 그 해가 다 가고 새 해가 되매 무
리가 요셉에게 와서 그에게 말
하되 우리가 주께 숨기지 아니
하나이다 우리의 돈이 다하였고
우리의 가축 떼가 주께로 돌아
갔사오니 주께 낼 것이 아무것
도 남지 아니하고 우리의 몸과
토지뿐이라

19 우리가 어찌 우리의 토지와 함
께 주의 목전에 죽으리이까 우
리 몸과 우리 토지를 먹을 것을
주고 사소서 우리가 토지와 함
께 바로의 종이 되리니 우리에
게 종자를 주시면 우리가 살고
죽지 아니하며 토지도 황폐하게
되지 아니하리이다

20 그러므로 요셉이 애굽의 모든 토
지를 다 사서 바로에게 바치니
애굽의 모든 사람들이 기근에 시
달려 각기 토지를 팔았음이라 땅
이 바로의 소유가 되니라

21 요셉이 애굽 땅 이 끝에서 저
끝까지의 백성을 성읍들에 옮
겼으나

17

18

19

20

21

년 월 일

창47:22-29

22 제사장들의 토지는 사지 아니하
였으니 제사장들은 바로에게서
녹을 받음이라 바로가 주는 녹
을 먹으므로 그들이 토지를 팔
지 않음이었더라

23 요셉이 백성에게 이르되 오늘 내
가 바로를 위하여 너희 몸과 너
희 토지를 샀노라 여기 종자가
있으니 너희는 그 땅에 뿌리라

24 추수의 오분의 일을 바로에게 상
납하고 오분의 사는 너희가 가져
서 토지의 종자로도 삼고 너희의
양식으로도 삼고 너희 가족과 어
린 아이의 양식으로도 삼으라

25 그들이 이르되 주께서 우리를 살
리셨사오니 우리가 주께 은혜를
입고 바로의 종이 되겠나이다

26 요셉이 애굽 토지법을 세우매
그 오분의 일이 바로에게 상납
되나 제사장의 토지는 바로의
소유가 되지 아니하여 오늘날까
지 이르니라

야곱의 마지막 청

27 이스라엘 족속이 애굽 고센 땅
에 거주하며 거기서 생업을 얻
어 생육하고 번성하였더라

28 야곱이 애굽 땅에 십칠 년을 거
주하였으니 그의 나이가 백사십
칠 세라

29 이스라엘이 죽을 날이 가까우
매 그의 아들 요셉을 불러 그에
게 이르되 이제 내가 네게 은혜
를 입었거든 청하노니 네 손을
내 허벅지 아래에 넣고 인애와
성실함으로 내게 행하여 애굽에
나를 장사하지 아니하도록 하라

22

23

24

25

26

야곱의 마지막 청

27

28

29

창세기

■ 요셉 이야기 (37:1-50:26)

창47:30-31

30 내가 조상들과 함께 눕거든 너
는 나를 애굽에서 메어다가 조
상의 묘지에 장사하라 요셉이
이르되 내가 아버지의 말씀대로
행하리이다
31 야곱이 또 이르되 내게 맹세하
라 하매 그가 맹세하니 이스라
엘이 침상 머리에서 하나님께
경배하니라

창48:1-5

야곱이 에브라임과 므낫세에게 축복하다

1 이 일 후에 어떤 사람이 요셉에
게 말하기를 네 아버지가 병들었
다 하므로 그가 곧 두 아들 므낫
세와 에브라임과 함께 이르니
2 어떤 사람이 야곱에게 말하되 네
아들 요셉이 네게 왔다 하매 이
스라엘이 힘을 내어 침상에 앉아
3 요셉에게 이르되 이전에 가나안
땅 루스에서 전능하신 하나님이
내게 나타나사 복을 주시며
4 내게 이르시되 내가 너로 생육하
고 번성하게 하여 네게서 많은
백성이 나게 하고 내가 이 땅을
네 후손에게 주어 영원한 소유가
되게 하리라 하셨느니라
5 내가 애굽으로 와서 네게 이르기 전
에 애굽에서 네가 낳은 두 아들 에
브라임과 므낫세는 내 것이라 르우
벤과 시므온처럼 내 것이 될 것이요

30

31

[48장] 야곱이 에브라임과 므낫세에게 축복하다

1

2

3

4

5

창48:6-13

6 이들 후의 네 소생은 네 것이 될
것이며 그들의 유산은 그들의 형
의 이름으로 함께 받으리라

7 내게 대하여는 내가 이전에 밧단
에서 올 때에 라헬이 나를 따르
는 도중 가나안 땅에서 죽었는데
그 곳은 에브랏까지 길이 아직도
먼 곳이라 내가 거기서 그를 에
브랏 길에 장사하였느니라 (에브
랏은 곧 베들레헴이라)

8 이스라엘이 요셉의 아들들을 보
고 이르되 이들은 누구냐

9 요셉이 그의 아버지에게 아뢰되
이는 하나님이 여기서 내게 주신
아들들이니이다 아버지가 이르되
그들을 데리고 내 앞으로 나아오
라 내가 그들에게 축복하리라

10 이스라엘의 눈이 나이로 말미암
아 어두워서 보지 못하더라 요
셉이 두 아들을 이끌어 아버지
앞으로 나아가니 이스라엘이 그
들에게 입맞추고 그들을 안고

11 요셉에게 이르되 내가 네 얼굴
을 보리라고는 생각하지 못하였
더니 하나님이 내게 네 자손까
지도 보게 하셨도다

12 요셉이 아버지의 무릎 사이에서
두 아들을 물러나게 하고 땅에
엎드려 절하고

13 오른손으로는 에브라임을 이스
라엘의 왼손을 향하게 하고 왼
손으로는 므낫세를 이스라엘의
오른손을 향하게 하여 이끌어
그에게 가까이 나아가매

6

7

8

9

10

11

12

13

창세기

창48:14-19

14 이스라엘이 오른손을 펴서 차남
에브라임의 머리에 얹고 왼손을
펴서 므낫세의 머리에 얹으니
므낫세는 장자라도 팔을 엇바꾸
어 얹었더라

15 그가 요셉을 위하여 축복하여
이르되 내 조부 아브라함과 아
버지 이삭이 섬기던 하나님, 나
의 출생으로부터 지금까지 나를
기르신 하나님,

16 나를 모든 환난에서 건지신 여
호와의 사자께서 이 아이들에게
복을 주시오며 이들로 내 이름
과 내 조상 아브라함과 이삭의
이름으로 칭하게 하시오며 이들
이 세상에서 번식되게 하시기를
원하나이다

17 요셉이 그 아버지가 오른손을 에
브라임의 머리에 얹은 것을 보고
기뻐하지 아니하여 아버지의 손
을 들어 에브라임의 머리에서 므
낫세의 머리로 옮기고자 하여

18 그의 아버지에게 이르되 아버지
여 그리 마옵소서 이는 장자이
니 오른손을 그의 머리에 얹으
소서 하였으나

19 그의 아버지가 허락하지 아니하
며 이르되 나도 안다 내 아들아
나도 안다 그도 한 족속이 되며
그도 크게 되려니와 그의 아우가
그보다 큰 자가 되고 그의 자손
이 여러 민족을 이루리라 하고

14

15

16

17

18

19

년 월 일

창48:20-22

20 그 날에 그들에게 축복하여 이
르되 이스라엘이 너로 말미암아
축복하기를 하나님이 네게 에브
라임 같고 므낫세 같게 하시리
라 하며 에브라임을 므낫세보다
앞세웠더라

21 이스라엘이 요셉에게 또 이르
되 나는 죽으나 하나님이 너희
와 함께 계시사 너희를 인도하
여 너희 조상의 땅으로 돌아가
게 하시려니와

22 내가 네게 네 형제보다 세겜 땅
을 더 주었나니 이는 내가 내 칼
과 활로 아모리 족속의 손에서
빼앗은 것이니라

창49:1-5

야곱의 유언과 죽음

1 야곱이 그 아들들을 불러 이르되
너희는 모이라 너희가 후일에 당
할 일을 내가 너희에게 이르리라

2 너희는 모여 들으라 야곱의 아들
들아 너희 아버지 이스라엘에게
들을지어다

3 르우벤아 너는 내 장자요 내 능력
이요 내 기력의 시작이라 위풍이
월등하고 권능이 탁월하다마는

4 물의 끓음 같았은즉 너는 탁월하
지 못하리니 네가 아버지의 침상
에 올라 더럽혔음이로다 그가 내
침상에 올랐었도다

5 시므온과 레위는 형제요 그들의
칼은 폭력의 도구로다

20

21

22

[49장] 야곱의 유언과 죽음

1

2

3

4

5

창49:6-11

6 내 혼아 그들의 모의에 상관하지
말지어다 내 영광아 그들의 집회
에 참여하지 말지어다 그들이 그
들의 분노대로 사람을 죽이고 그
들의 혈기대로 소의 발목 힘줄을
끊었음이로다

7 그 노여움이 혹독하니 저주를 받
을 것이요 분기가 맹렬하니 저주
를 받을 것이라 내가 그들을 야
곱 중에서 나누며 이스라엘 중에
서 흩으리로다

8 유다야 너는 네 형제의 찬송이
될지라 네 손이 네 원수의 목을
잡을 것이요 네 아버지의 아들들
이 네 앞에 절하리로다

9 유다는 사자 새끼로다 내 아들아
너는 움킨 것을 찢고 올라갔도다
그가 엎드리고 웅크림이 수사자
같고 암사자 같으니 누가 그를
범할 수 있으랴

10 규가 유다를 떠나지 아니하며
통치자의 지팡이가 그 발 사이
에서 떠나지 아니하기를 실로가
오시기까지 이르리니 그에게 모
든 백성이 복종하리로다

11 그의 나귀를 포도나무에 매며
그의 암나귀 새끼를 아름다운
포도나무에 맬 것이며 또 그 옷
을 포도주에 빨며 그의 복장을
포도즙에 빨리로다

6

7

8

9

10

11

창49:12-23

12 그의 눈은 포도주로 인하여 붉
겠고 그의 이는 우유로 말미암
아 희리로다

13 스불론은 해변에 거주하리니 그
곳은 배 매는 해변이라 그의 경
계가 시돈까지리로다

14 잇사갈은 양의 우리 사이에 꿇
어앉은 건장한 나귀로다

15 그는 쉴 곳을 보고 좋게 여기며
토지를 보고 아름답게 여기고
어깨를 내려 짐을 메고 압제 아
래에서 섬기리로다

16 단은 이스라엘의 한 지파 같이
그의 백성을 심판하리로다

17 단은 길섶의 뱀이요 샛길의 독
사로다 말굽을 물어서 그 탄 자
를 뒤로 떨어지게 하리로다

18 여호와여 나는 주의 구원을 기
다리나이다

19 갓은 군대의 추격을 받으나 도
리어 그 뒤를 추격하리로다

20 아셀에게서 나는 먹을 것은 기
름진 것이라 그가 왕의 수라상
을 차리리로다

21 납달리는 놓인 암사슴이라 아름
다운 소리를 발하는도다

22 요셉은 무성한 가지 곧 샘 곁의
무성한 가지라 그 가지가 담을
넘었도다

23 활쏘는 자가 그를 학대하며 적
개심을 가지고 그를 쏘았으나

12

13

14

15

16

17

18

19

20

21

22

23

창49:24-30

24 요셉의 활은 도리어 굳세며 그
의 팔은 힘이 있으니 이는 야곱
의 전능자 이스라엘의 반석인
목자의 손을 힘입음이라

25 네 아버지의 하나님께로 말미암
나니 그가 너를 도우실 것이요
전능자로 말미암나니 그가 네게
복을 주실 것이라 위로 하늘의
복과 아래로 깊은 샘의 복과 젖
먹이는 복과 태의 복이리로다

26 네 아버지의 축복이 내 선조의
축복보다 나아서 영원한 산이 한
없음 같이 이 축복이 요셉의 머
리로 돌아오며 그 형제 중 뛰어
난 자의 정수리로 돌아오리로다

27 베냐민은 물어뜯는 이리라 아침
에는 빼앗은 것을 먹고 저녁에
는 움킨 것을 나누리로다

28 이들은 이스라엘의 열두 지파라
이와 같이 그들의 아버지가 그
들에게 말하고 그들에게 축복하
였으니 곧 그들 각 사람의 분량
대로 축복하였더라

29 그가 그들에게 명하여 이르되 내
가 내 조상들에게로 돌아가리니
나를 헷 사람 에브론의 밭에 있는
굴에 우리 선조와 함께 장사하라

30 이 굴은 가나안 땅 마므레 앞 막벨
라 밭에 있는 것이라 아브라함이
헷 사람 에브론에게서 밭과 함께
사서 그의 매장지를 삼았으므로

24

25

26

27

28

29

30

창49:31-33

31 아브라함과 그의 아내 사라가
거기 장사되었고 이삭과 그의
아내 리브가도 거기 장사되었으
며 나도 레아를 그 곳에 장사하
였노라

32 이 밭과 거기 있는 굴은 헷 사람
에게서 산 것이니라

33 야곱이 아들에게 명하기를 마치
고 그 발을 침상에 모으고 숨을
거두니 그의 백성에게로 돌아갔
더라

창50:1-5

1 요셉이 그의 아버지 얼굴에 구푸
려 울며 입맞추고

2 그 수종 드는 의원에게 명하여
아버지의 몸을 향으로 처리하게
하매 의원이 이스라엘에게 그대
로 하되

3 사십 일이 걸렸으니 향으로 처리
하는 데는 이 날수가 걸림이며
애굽 사람들은 칠십 일 동안 그
를 위하여 곡하였더라

4 곡하는 기한이 지나매 요셉이 바
로의 궁에 말하여 이르되 내가
너희에게 은혜를 입었으면 원하
건대 바로의 귀에 아뢰기를

5 우리 아버지가 나로 맹세하게
하여 이르되 내가 죽거든 가나
안 땅에 내가 파 놓은 묘실에 나
를 장사하라 하였나니 나로 올
라가서 아버지를 장사하게 하소
서 내가 다시 오리이다 하라 하
였더니

31

32

33

[50장]

1

2

3

4

5

창세기

요셉 이야기 (37:1-50:26)

창50:6-13

6 바로가 이르되 그가 네게 시킨 맹세대로 올라가서 네 아버지를 장사하라

7 요셉이 자기 아버지를 장사하러 올라가니 바로의 모든 신하와 바로 궁의 원로들과 애굽 땅의 모든 원로와

8 요셉의 온 집과 그의 형제들과 그의 아버지의 집이 그와 함께 올라가고 그들의 어린 아이들과 양 떼와 소 떼만 고센 땅에 남겼으며

9 병거와 기병이 요셉을 따라 올라가니 그 떼가 심히 컸더라

10 그들이 요단 강 건너편 아닷 타작 마당에 이르러 거기서 크게 울고 애통하며 요셉이 아버지를 위하여 칠 일 동안 애곡하였더니

11 그 땅 거민 가나안 백성들이 아닷 마당의 애통을 보고 이르되 이는 애굽 사람의 큰 애통이라 하였으므로 그 땅 이름을 아벨미스라임이라 하였으니 곧 요단 강 건너편이더라

12 야곱의 아들들이 아버지가 그들에게 명령한 대로 그를 위해 따라 행하여

13 그를 가나안 땅으로 메어다가 마므레 앞 막벨라 밭 굴에 장사하였으니 이는 아브라함이 헷 족속 에브론에게 밭과 함께 사서 매장지를 삼은 곳이더라

6

7

8

9

10

11

12

13

년 월 일

창50:14-21

14 요셉이 아버지를 장사한 후에
자기 형제와 호상꾼과 함께 애
굽으로 돌아왔더라

요셉이 형들을 위로하다

15 요셉의 형제들이 그들의 아버지
가 죽었음을 보고 말하되 요셉
이 혹시 우리를 미워하여 우리
가 그에게 행한 모든 악을 다 갚
지나 아니할까 하고

16 요셉에게 말을 전하여 이르되
당신의 아버지가 돌아가시기 전
에 명령하여 이르시기를

17 너희는 이같이 요셉에게 이르
라 네 형들이 네게 악을 행하였
을지라도 이제 바라건대 그들의
허물과 죄를 용서하라 하셨나니
당신 아버지의 하나님의 종들인
우리 죄를 이제 용서하소서 하
매 요셉이 그들이 그에게 하는
말을 들을 때에 울었더라

18 그의 형들이 또 친히 와서 요셉
의 앞에 엎드려 이르되 우리는
당신의 종들이니이다

19 요셉이 그들에게 이르되 두려워
하지 마소서 내가 하나님을 대
신하리이까

20 당신들은 나를 해하려 하였으나
하나님은 그것을 선으로 바꾸사
오늘과 같이 많은 백성의 생명
을 구원하게 하시려 하셨나니

21 당신들은 두려워하지 마소서 내
가 당신들과 당신들의 자녀를
기르리이다 하고 그들을 간곡한
말로 위로하였더라

14

요셉이 형들을 위로하다

15

16

17

18

19

20

21

창세기

■ 요셉 이야기 (37:1-50:26)

창50:22-26

요셉이 죽다

22 요셉이 그의 아버지의 가족과 함께 애굽에 거주하여 백십 세를 살며

23 에브라임의 자손 삼대를 보았으며 므낫세의 아들 마길의 아들들도 요셉의 슬하에서 양육되었더라

24 요셉이 그의 형제들에게 이르되 나는 죽을 것이나 하나님이 당신들을 돌보시고 당신들을 이 땅에서 인도하여 내사 아브라함과 이삭과 야곱에게 맹세하신 땅에 이르게 하시리라 하고

25 요셉이 또 이스라엘 자손에게 맹세시켜 이르기를 하나님이 반드시 당신들을 돌보시리니 당신들은 여기서 내 해골을 메고 올라가겠다 하라 하였더라

26 요셉이 백십 세에 죽으매 그들이 그의 몸에 향 재료를 넣고 애굽에서 입관하였더라

요셉이 죽다

22

23

24

25

26

손끝에서 피어나는
태초에 관한 이야기

창세기

따라쓰기
Hand Copying Scriptures

초판 1쇄 발행 2021년 12월 31일

발행인 이요섭
기 획 박찬익
편 집 출판사역팀
디자인 권기용
제 작 이인애
보 급 정준용, 김승훈, 이대성, 박준호

펴낸곳 요단출판사
등 록 1973.8.23. 제13-10호
주 소 07238) 서울특별시 영등포구 국회대로 76길 10
기 획 (02)2643-9155
구 입 (02)2643-7290, Fax (02)2643-1877

값 12,000원
ISBN 978-89-350-1924-3 03230

십계명

The Ten Commandments

하나님이 이 모든 말씀으로 말씀하여 이르시되
나는 너를 애굽 땅, 종 되었던 집에서 인도하여 낸 네 하나님 여호와니라

제일은, **너는 나 외에는 다른 신들을 네게 두지 말라**

제이는, **너를 위하여 새긴 우상을 만들지 말고 또 위로 하늘에 있는 것이나 아래로 땅에 있는 것이나 땅 아래 물 속에 있는 것의 어떤 형상도 만들지 말며 그것들에게 절하지 말며 그것들을 섬기지 말라**
나 네 하나님 여호와는 질투하는 하나님인즉 나를 미워하는 자의 죄를 갚되 아버지로부터 아들에게로 삼사 대까지 이르게 하거니와 나를 사랑하고 내 계명을 지키는 자에게는 천 대까지 은혜를 베푸느니라

제삼은, **너는 네 하나님 여호와의 이름을 망령되게 부르지 말라**
여호와는 그의 이름을 망령되게 부르는 자를 죄 없다 하지 아니하리라

제사는, **안식일을 기억하여 거룩하게 지키라**
엿새 동안은 힘써 네 모든 일을 행할 것이나 일곱째 날은 네 하나님 여호와의 안식일인즉 너나 네 아들이나 네 딸이나 네 남종이나 네 여종이나 네 가축이나 네 문안에 머무는 객이라도 아무 일도 하지 말라 이는 엿새 동안에 나 여호와가 하늘과 땅과 바다와 그 가운데 모든 것을 만들고 일곱째 날에 쉬었음이라 그러므로 나 여호와가 안식일을 복되게 하여 그 날을 거룩하게 하였느니라